W0267600

COMMENT DEVENIR BELGE

EN 10 LEÇONS

DU MÊME AUTEUR

Avec tout ce qu'on entend! 1 500 tics de langage décortiqués, La Muette, 2011
Peur de son ombre. Questionnements sur les temps actuels, Cortext, 2008
Petit répertoire de lieux communs, Racine, 2006
Loués soient nos téléviseurs, Buchet-Chastel, 2005
Une longue vie, Publibook, 2004
La Sécurité sociale à ses débuts. Aux sources du conflit social, L'Harmattan, 2003
La frustration reine. Essai sur la société funambule, Elytis, 2001

Fais pas ci, fais pas ça (avec Philippe Bercovici), Dupuis, 2012
À vendre. Vie et mœurs de l'agent immobilier (avec Philippe Bercovici), Dupuis, 2012
Chers voisins (avec Philippe Bercovici), Dupuis, 2012
Toi+Moi.org (avec Frédéric Jannin), Dupuis, 2010
300 millions d'amis (avec Frédéric Jannin), Dupuis, 2009
Problèmes de connexion (avec Frédéric Jannin), Fluide Glacial, 2009
Malaise vagal (avec Frédéric Jannin), Fluide Glacial, 2008

Gilles Verlant présente
Gilles DAL

Comment devenir belge en 10 leçons

(Ou comment le rester si vous l'êtes déjà)

Préface de Philippe Geluck
Illustrations de Fred Jannin et Johan de Moor

L'ORIGINE DE L'IDENTITÉ BELGE.

Michel Lafon

Tous droits de traduction, d'adaptation
et de reproduction réservés pour tous pays.

© Éditions Michel Lafon, 2013
11-13, boulevard Paul-Émile-Victor – Île de la Jatte
92521 Neuilly-sur-Seine Cedex

www.michel-lafon.com

À notre pote Gilles
G. D. et J.-L. F.

Préface

JUSTE AVANT QU'IL NE SOIT DÉFINITIVEMENT TROP TARD

Par Philippe Geluck

Allons-nous finir par y comprendre quelque chose à la Belgique, juste avant qu'elle ne trépasse, seule, malade et abandonnée de tous ?

Publier un ouvrage aussi dense, aussi documenté et aussi complet, au moment où la Belgique est en train de rendre son dernier soupir, c'est comme si on vous fournissait un audio-guide à la sortie d'une exposition ou si on vous proposait le mode d'emploi de votre magnétoscope VHS à l'instant où vous vous apprêtez à le balancer à la décharge.

Gilles Dal, pourquoi n'es-tu pas né trente ans plus tôt ? Pourquoi monsieur Dal n'a-t-il pas mis sa petite graine dans madame Dal trois décennies auparavant ? Car Gilles aurait alors publié son *Comment devenir belge en 10 leçons* en 1963 (tout porte à croire qu'à cette époque où les jeunes étaient plus éveillés que maintenant, il aurait sorti son essai à l'âge de dix-huit ans) et le destin d'une nation s'en serait sans doute trouvé bouleversé.

L'ensemble de la classe (oserais-je dire la caste ?) politique de l'époque aurait pu faire sien ce véritable projet de société belgicaine ; au lieu de ça, elle a écrit, voté et ratifié des lois hautement belgicides.

La pensée dalienne aurait succédé aux marxisme, trotskisme, libéralisme et autre thatchérisme qui, chacun, ont montré leurs limites en ce XXe siècle. La pensée de Dal se serait appelée le dalisme et aurait été la source du renouveau belge de la fin du deuxième millénaire et du troisième tout entier. Le modèle se serait exporté comme des petits pains (ou comme des pistolets, devrais-je dire) aux quatre coins du globe et aujourd'hui, la planète serait belgicienne tant le monde entier aurait aimé nous ressembler.

Mais voilà, Dal est né trop tard et son remarquable ouvrage arrive comme les cavaliers d'Offenbach. Cependant, la fulgurance de sa pensée mérite toute notre attention. Nous lirons son ouvrage comme l'orchestre du *Titanic* continuait à jouer pendant le naufrage, pour la beauté du geste. Ça n'en sera que plus fort et plus poignant. Au lieu d'imaginer tout ce qu'on pourrait faire de bien, on évoquera tout ce que nous aurions pu réaliser de formidable.

Si Mao Tsé-toung devait publier aujourd'hui ses *Pensées*, dans un petit recueil écarlate, un milliard et demi de Chinois s'en tamponneraient joyeusement le coquillard. Cela signifierait-il que les réflexions du grand timonier soient devenues sans objet ? Que nenni ! Ce n'est simplement plus le moment. Une fois de plus, Confucius avait vu juste en disant « *The right man in the right place at the right time* ». Et ce que Mao a remarquablement réussi avec le redressement de la Chine, Gilles Dal ne pourra malheureusement pas le mettre en œuvre en Belgique. Les deux hommes divergent d'ailleurs à bien d'autres égards : le « Grand Bond en avant » et la « Révolution culturelle » auront généré 70 à 80 millions de morts en Chine ; avec dix fois moins, Gilles

Dal aurait exterminé la population entière de la Belgique. Mao a tenu jusqu'au bout à exposer la photo de Staline sur la place Tian'anmen tandis que Gilles Dal ne conserve que celle d'Eddy Merckx dans son salon. Décidément, on ne peut pas comparer les deux dictateurs.

Nous te disons merci, Gilles Dal, pour cet ouvrage fondateur d'une déconstruction finissante, merci de publier la Déclaration universelle des droits de l'homme le lendemain de l'apocalypse, merci de défendre l'indéfendable.

Et pourtant, comme disait l'autre, la Belgique est un plaisir et doit le rester !

Philippe Geluck
Bruxelles, mai 2013

Leçon n° 1 :

SOYEZ RELAX

OÙ L'ON APPREND À S'ADAPTER À L'AMBIANCE BELGE

Les Français disent souvent des Belges qu'ils sont sympathiques.

Or, c'est faux.

Il existe quantité de Belges antipathiques.

Pourquoi, alors, une telle bienveillance à l'égard des Belges ?

Ce cliché est d'autant plus surprenant que par tradition, un cliché est négatif. C'est devenu un cliché de répertorier les clichés, mais enfin tout de même : l'un est fourbe, l'autre sale, le troisième tient les médias ; le Belge, quant à lui, est… sympathique ! Une des rares espèces du genre humain à bénéficier de stéréotypes positifs. Le chien est affectueux, le renard rusé et le Belge plaisant.

Le phénomène est d'autant plus énigmatique que, dès qu'ils sont divisés en appartenances régionales, les Belges perdent aussitôt tout leur attrait : on ne dit pas du Wallon qu'il est sympathique, mais qu'il est paresseux, profiteur et mal organisé ; on ne dit pas du Flamand qu'il est sympathique, mais qu'il est nationaliste, égoïste et borné ; quant au Bruxellois, on ne sait pas très bien ce qu'il est – et lui non plus, d'ailleurs.

C'est donc le Belge dans sa globalité qui est sympathique ; le Belge comme abstraction. D'aucuns diront qu'il n'est nul besoin de théoriser ainsi, et qu'il suffit de rencontrer un Belge pour le trouver sympathique. Inversons cependant cette vision des choses : sans doute trouve-t-on le Belge sympa *parce qu'on a décidé d'avance qu'il l'était* ! En effet, quel Belge de passage en France ne s'est jamais entendu dire : « Ah, vous êtes belge ? Formidable, j'adore les Belges ! » Comment pourriez-vous, après pareille sortie, ne pas vouloir satisfaire votre interlocuteur, ni vous montrer aussitôt sous votre meilleur jour ? À l'inverse, s'il s'entendait dire : « Ah, vous êtes belge ? Quelle horreur, je déteste les Belges ! Vous êtes si déplaisants ! », nul doute que le Belge se montrerait moins souriant et, de ce fait, parfaitement antipathique.

« Les Belges sont les plus braves »

D'où vient donc cette croyance populaire en la sympathie innée du Belge ? On la fait souvent remonter à Jules César et à son fameux « de tous les peuples de la Gaule, les Belges sont les plus braves ». Pourtant, même Jules César peut avoir dit des bêtises : on peut être excellent militaire et empereur affûté, sans pour autant être observateur avisé… Aurait-on demandé à Oscar Wilde ou Sacha Guitry de conquérir les Gaules ? Chacun son métier ! Par ailleurs, suffirait-il, aujourd'hui, qu'un chef des armées qualifie les Bretons de fins gourmets pour que d'ici deux mille ans ces mêmes Bretons continuent à se targuer fièrement de cette affirmation foireuse ? D'autant qu'en évoquant les Belges, César visait un territoire, la Gaule Belgique, qui se situerait aujourd'hui pour moitié en France, et que le mot latin par lequel on a souvent traduit « brave » (*fortis*) peut également être traduit par « farouche », ou « inculte ».

Cherchons donc ailleurs l'origine de la sympathie inhérente au Belge, en entamant une petite balade à travers ce savoureux pays. Le pays du mauvais temps où l'on continue, jour après jour, à se plaindre du mauvais temps, comme si c'était à chaque fois une surprise invraisemblable ; le pays où même les anarchistes aiment la monarchie ; le pays dont personne, pas même les ministres ou les militaires, ne connaît les paroles de l'hymne national ; le pays dont les Français disent qu'ils sont toujours « ravis d'y retourner », car « ils y comptent de nombreux amis », et d'ailleurs « une partie de leur famille est belge », affirmant dans la foulée qu'il y a en Belgique « un art de vivre qui s'est perdu en France, une chaleur, quelque chose d'indéfinissable ». Et tellement sympathique…

« MICK JAGGER, FIEU ! »

Vous arrivez à Bruxelles par le Thalys, dans lequel vous avez croisé – c'est imparable – l'une ou l'autre célébrité. Si vous n'avez pas croisé de célébrité, c'est que vous n'avez pas bien regardé. Il s'agit en général d'une star venue faire une promo, ou d'un homme politique allant siéger au Parlement européen. Les anecdotes survenues dans le Thalys sont légion : « À peine je m'assieds, fieu, et qui je vois à côté de moi ? Mick Jagger ! J'te jure ! J'ai d'abord cru que c'était un sosie, tu penses, mais non, c'était lui, et le mec était super sympa, très simple, ultra accessible. Il m'a même tenu la porte du wagon-restaurant. Et tu sais le plus marrant ? Les gens lui foutaient la paix ! » La Belgique, le pays où l'on vous fout la paix. « C'est une question d'état d'esprit, là-bas, tu comprends : ils détestent les tralalas, les flonflons, les courbettes. Ils sont relax, bien à l'aise. »

Alors… est-ce vrai ? Est-ce faux ? Le Belge est-il par nature relax et bien à l'aise ?

« Faudrait quand même débloquer un petit budget pour la plaque Karl Marx »

Audrey Hepburn est née en 1929 dans une rue perpendiculaire à la mienne. Je ne dis pas ça pour me vanter (je n'y suis pas pour grand-chose), mais parce que la plaque qui en atteste est tellement moche et sale que j'ai d'abord cru à une blague ! C'est en me promenant un beau jour dans mon bon quartier d'Ixelles[1] que je suis tombé sur cette ridicule plaque, fissurée et moisie : *Ici naquit Audrey Hepburn (1929-1993),* qui a dû coûter à la commune un budget équivalent à deux Carambars. Tant qu'à faire, il aurait suffi d'écrire à la main, sur un Post-it, *Ici naquit Audrey Hepburn*, ça aurait coûté encore moins cher, et l'info aurait également été donnée.

Encore mieux : deux rues plus loin, la maison où Karl Marx écrivit *Le Capital* n'est… même pas indiquée ! Un ouvrage qui a tout de même révolutionné l'humanité pendant un bout de temps, eh bien rien n'en fait mention à l'endroit où il fut écrit. D'ailleurs, comment l'ai-je appris ? En lisant par hasard un bouquin sur Marx, qui indiquait cette rue où je passe tous les jours.

À côté de ça fleurissent quantité de plaques commémoratives foireuses qui rendent hommage à de parfaits inconnus : *Ici vécut Henri Trinksaert*, ou bien *Ici naquit*

1. Ixelles est l'une des dix-neuf communes bruxelloises. Chaque commune gère les matières relatives à la vie quotidienne des citoyens.

Jean Duyseerx... divers échevins oubliés (la Belgique se plaît à rendre hommage à ses échevins[1]), ou encore l'un ou l'autre président de cercle d'histoire locale, voire quelque poète ardennais... Bref, le Belge n'est pas le champion de la commémoration ni de la solennité[2].

« ALORS, SIRE, QUELLES BONNES NOUVELLES ? »

Il y a quelques années, on a supprimé les derniers gardes postés devant le Palais royal. Mais, par oubli, ou par paresse, on a laissé leurs guérites. Des guérites vides devant le Palais royal : la classe ! Aurait-on imaginé pareille situation à Buckingham Palace ? Ou devant l'Élysée ? N'eût-ce pas été interprété comme le signe d'un épouvantable affaissement du pouvoir républicain ?

Eh bien, en Belgique, nul ne songea à s'en indigner. D'ailleurs personne ne l'a même remarqué. Bref, tout le monde s'en fout. Devant le château du roi, à Laeken, subsistent quelques policiers en faction, mais on est loin des gardes suisses du Vatican : ils font en général des bulles avec leur chewing-gum en pianotant sur leur téléphone portable.

1. Un échevin est un conseiller communal qui assiste le bourgmestre dans la gestion d'une commune (mais attention : il existe aussi des conseillers communaux, qui ne sont pas des échevins, et dont les compétences sont plus restreintes). Le bourgmestre est le détenteur du pouvoir exécutif au niveau communal. C'est l'équivalent du maire.

2. Encore un petit exemple : Justine Hénin et Kim Clijsters, qui sont toutes les deux belges, ont occupé plusieurs mois d'affilée respectivement les places n° 1 et n° 2 du classement féminin mondial de tennis, et en l'espèce, personne n'en parle plus aujourd'hui. Alors que Yannick Noah a gagné Roland-Garros en 1983, et que les Français ne semblent pas encore s'en être complètement remis.

Encore quelques années, et ils porteront des trainings[1], la casquette à l'envers !

Pas de frime, pas de fioritures.

J'en veux pour preuve cette mémorable sortie d'un ancien président du Parlement fédéral qui, lors d'une cérémonie officielle, s'était adressé au roi en ces termes: « Alors, Sire, quelles bonnes nouvelles ? » On imagine difficilement Saint-Simon poser pareille question à Louis XIV.

Tout est à l'avenant: un jour de cérémonies de la fête nationale, alors que les corps constitués étaient installés dans la tribune officielle, un bruit de tonnerre éclata, et il se mit à pleuvoir. Aussitôt le président du Sénat (que l'on entendit grâce à des micros installés à proximité), dit à l'adresse du roi: « Ouille, Sire, quelques gouttes[2] ! » Et tout le monde sur la tribune de regarder le ciel en pestant, laissant les militaires défiler sans leur prêter la moindre attention. Un tel tableau aurait-il été possible aux États-Unis, lors d'un défilé de *marines* ? Là-bas, qu'il eût grêlé, venté ou neigé, et quand bien même eût-ce été la fin du monde, personne n'aurait bougé ! Mais à Bruxelles, pendant une cérémonie officielle: quelques gouttelettes, « Ouille ouille », « Ça va tomber », « On ne peut vraiment jamais compter sur le temps en Belgique », « C'est incroyable », « Il va falloir penser à mettre son K-Way ». « Sire, vous voulez que je vous prête mon ciré ? Ou alors vous avez besoin d'un parapluie ? J'en ai un fluo dans le coffre de ma voiture. Attendez, je vais vite vous le chercher. »

---

1. Le training est un survêtement. (On n'emploie pas le mot « survêt' », en Belgique.)

2. Ouille: interjection très populaire en Belgique, qui exprime le plus souvent la surprise.

« CHOU, AUJOURD'HUI J'AI *TE DEUM* ! »

D'aussi loin que je m'en souvienne, je ne pense pas avoir jamais assisté à une seule marque de solennité crédible en Belgique. Il y a bien quelques tentatives, mais qui sonnent faux. Chaque 15 novembre, jour de la fête du roi, est organisé un *Te Deum*, qui est – comme chacun sait (enfin, sauf ceux qui ne le savent pas) – une prière, à laquelle assistent tous les corps de l'État, dont la famille royale, à l'exception du roi qui, lui, reste à la maison. Je n'ai d'ailleurs jamais bien compris pourquoi il n'y allait pas, vu que c'est sa fête ; toujours est-il que le pauvre doit bien s'embêter tout seul, pour une fois que ça lui faisait une sortie[1]. Bref. À chaque organisation de ce *Te Deum*, c'est toujours la même polémique, dont on cerne d'emblée les contours : les milieux laïcs s'indignent pour les raisons que l'on devine, « L'État laïc », tout ça, « Un scandale », « Comment peut-on », « Enfin quoi », « Et puis il y a plein de musulmans, alors pourquoi pas de cérémonie officielle dans une mosquée ? », « Et que dire des juifs ? », « Et des bouddhistes ? », et *tutti quanti*, nous en appelons donc au boycott au nom de la démocratie en danger, etc. Certes, on peut s'interroger sur le sens de ce genre de cérémonie désuète au XXIe siècle, mais toujours est-il : pourquoi s'énerver, tant cette cérémonie est foireuse ? Quelques badauds poireautent devant l'église ; le dernier carré des patriotes irréductibles, qui agitent de minuscules drapeaux belges.

Lors de ces *Te Deum*, il faut voir la tête des ministres qui déboulent. Ils tentent avec stoïcisme d'afficher une mine solennelle, mais on sent bien que ça les embête, qu'ils n'ont pas envie d'être là. « Chou, je ne vais pas pouvoir aller au

1. Heureusement pour lui, il est quand même autorisé à se rendre au *Te Deum* du 21 juillet.

barbecue chez les Vermeulen ; j'ai *Te Deum* aujourd'hui. Ça m'embête, mais bon c'est pour le boulot. Au fait, poes[1], j'ai encore des chemises repassées ? »

Pendant la cérémonie, ils n'écoutent rien. Seuls quelques puristes connaissent encore le sens des rites auxquels ils assistent, et c'est l'œil torve qu'ils toisent l'homme d'Église murmurant des mots auxquels ils ne comprennent goutte. On a même vu Yves Leterme, alors futur Premier ministre, y téléphoner ! La classe ! Le téléphone portable vissé à l'oreille et une main dissimulant sa bouche, la mine très concernée. À tout le moins peut-on espérer qu'il parlait de l'avenir des institutions, et pas de l'organisation des grosses courses au Delhaize[2] avec sa femme. Ensuite, cerise sur le gâteau : alors que notre homme sortait de l'église (le futur Premier ministre, donc, je le répète), un journaliste lui demanda d'entonner quelques paroles de *La Brabançonne*, l'hymne national. Et là, surprise : il fredonna les paroles de… *La Marseillaise* ! C'est dire le prestige du chant. Comme si le Premier ministre français se trompait, un 14 Juillet, et chantait l'hymne luxembourgeois.

« Tu vivras, toujours grande et belle »

Ce côté brut de décoffrage, cette absence de sentiment de fierté véritable se retrouve lors des fêtes nationales (un des rares indicateurs du sentiment d'appartenance patriotique belge) : elles ont un air festif, populaire, bon enfant, très différent de celles du 14 Juillet en France. En France, on sent le peuple fier de ses ancêtres : les pionniers de la liberté, de

1. Poes : chaton.
2. Célèbre chaîne de supermarchés en Belgique.

l'égalité, la mise à bas de la tyrannie, les grands principes, une aube nouvelle luisant sur les ténèbres de l'Humanité ancienne, coups de canon, déclarations solennelles, adresses au « peuple de Paris », une foule empesée, mines de circonstance, démocratie, droits de l'homme, France éternelle et tout le tintouin.

En Belgique, on fête la Belgique parce que la Belgique c'est chouette, parce que les Belges sont sympathiques (mais si) et que ce serait quand même bête de se séparer, parce que enfin on a tout pour s'entendre, et puis que ce n'est pas parce qu'on parle deux langues différentes qu'on est obligés de divorcer, non mais, et puis on a tant de choses en commun, on ne va pas gâcher tout ça, hein les gars, du coup on a amené les enfants, on tient des ballons « Vive la Belgique ! », on porte des chapeaux noir-jaune-rouge, et encore on les porte mal, pour rigoler, mais ce n'est pas grave, allez on vous laisse, on a vu un stand pittas-merguez, et l'année dernière ils n'en avaient plus après quelques heures, alors on n'a pas envie d'en louper, tiens d'ailleurs t'as entendu qu'ils n'ont plus de sauce andalouse[1] au stand fricadelles[2] ? Tchu, ils pourraient s'organiser, quand même ! Les gosses crèvent de faim !

Et puis, l'hymne national, *La Brabançonne*, ne suscite plus de frissons chez personne. C'est à peine si on se lève en l'entendant. Enfin si, quand même, on se lève, parce qu'il le faut bien, c'est un minimum, par habitude, par réflexe, mais on ne se sent pas transporté. Le côté ringard du chant, son

1. La sauce andalouse est une sauce typiquement belge, et absolument inconnue en Andalousie. Elle est composée de mayonnaise, de tomates, de poivrons, d'échalotes et de piments.

2. La fricadelle est une préparation en forme de saucisse panée, faite pour l'essentiel de déchets de viande et de chapelure.

anachronisme, son lyrisme à bas prix amusent plus qu'ils ne transportent. Plus personne ne connaît les paroles, d'ailleurs, sauf les deux premiers mots : *noble Belgique* (ce qui fait déjà bien rigoler) et le refrain *le roi, la loi, la liberté* (parce qu'il est répété douze fois et qu'à force, ça rentre).

Et ce sont en général sarcasmes et moqueries qui accueillent la strophe *Tu vivras, toujours grande et belle.* Il faut dire que c'est assez poilant.

« TIENS, LE VOISIN A AFFICHÉ UN VIEUX MOUCHOIR JAUNE À SA FENÊTRE... »

Tout, en Belgique, semble un peu à côté de la plaque. Même les drapeaux ! Soit ceux qui sont agités lors des cérémonies officielles sont minuscules (on vient de le dire), soit ceux qui sont affichés aux fenêtres ne ressemblent à rien. C'est bête, parce qu'il y en a beaucoup, vu qu'il y a souvent des crises institutionnelles, et qui dit crise institutionnelle dit drapeaux aux fenêtres. Mais là, quel crève-cœur ! Le plus souvent, ces drapeaux sont délavés, ou brunis, ou troués, ou petits et mal accrochés. Alors qu'il suffirait de les nettoyer, ne fût-ce qu'une fois par mois ! Et de les repasser de temps en temps ! Car du coup, le rues sont infestées de drapeaux de douze centimètres sur quinze qui ressemblent à de vieux Kleenex fripés, de drapeaux que la pollution a souillés, de drapeaux accrochés à la verticale, rendant ainsi un hommage non voulu à l'Allemagne[1], de drapeaux que le vent

1. Le drapeau allemand est noir-jaune-rouge, comme le drapeau belge, mais les lignes sont horizontales en Allemagne, et verticales en Belgique.

a retournés et qui n'arborent donc plus que deux des couleurs, parfois même une seule («tiens, pourquoi le voisin a-t-il affiché un vieux mouchoir jaune à sa fenêtre ?»).

Pire : ces drapeaux sont en général offerts par des sponsors, et donc frappés du sceau dudit sponsor. Ce qui, en termes de solennité, n'est pas vraiment un summum : «La Belgique avec les cassonades Verkade[1]», «Les sauces Dierckx avec la Belgique». Avec un bon gros logo, apposé sur les trois couleurs nationales... Comme si[2], aux États-Unis, lors des parades du 4 Juillet, tous les drapeaux étaient marqués de gigantesques canettes de Pepsi-Cola.

«Oui, m'enfin, dites ! Je peux finir, oui ou non ?»

Cette absence de fioritures se retrouve également dans le langage parlé. Le Belge, en effet, parle mal.

Les Français, sur les plateaux télé, utilisent des subjonctifs plus-que-parfaits, et font les liaisons entre les mots ; ils s'apostrophent avec panache : «Permettez-moi de vous dire que votre point de vue me semble à tout le moins audacieux !», alors qu'en Belgique, on pencherait plutôt pour un basique : «Ça, c'est du n'importe quoi, hein dites !»

De la même manière, pour un «Si vous aviez l'amabilité de me laisser terminer ne fût-ce qu'un bout de phrase...», le Belge aura plutôt droit à un : «Oui, m'enfin, dites ! Je peux finir, oui ou non ?»

---

1. La cassonade est une sorte de vergeoise, particulièrement prisée par les Belges. Il s'agit d'un sucre roux extrait de la canne à sucre.
2. Je continue avec mes comparaisons magistrales !

A-t-on déjà entendu Dominique de Villepin s'exprimer en politique ? Quel verbe, mes amis ! L'entendre parler du « soleil noir de la puissance », du « pouvoir mystérieux des mots sur les choses », de la « formidable gravité de la destinée humaine »... Ô délice, ô majesté ! Le politicien belge, lui, est moins ambitieux ; il se contente en général de « Moi, quand on me cherche, on me trouve », et autres « Mettons-nous autour de la table, pour que chacun mette ses propositions sur la table, dans l'espoir que personne ne quitte la table[1] ».

Les titres de livres, en Belgique, sont rarement exaltants ; là où, en France, on pencherait plutôt pour *La Tyrannie de la pureté*, *L'Apologie de l'existence* ou *Apostolat de la résilience*[2], le Belge écrira plus volontiers des ouvrages intitulés *Mon combat pour Auderghem*[3], *Sportivement vôtre*, ou *Messieurs les Flamands, maintenant ça suffit*[4].

Attention : je n'affirme pas ici que la France ne vit que de fioritures et d'enluminures ; on a suffisamment reproché à l'ancien président Sarkozy de ne pas se plier aux règles du protocole et de la bienséance. Simplement, le leitmotiv des discours publics français tiendrait plutôt du : « La Frrrrraaânce éternelle, fière de son drapeau et de sa mémoire collective, hissera au firmament de l'humanité son message porteur d'universalité », tandis qu'en Belgique, ce

---

1. La citation n'est pas rigoureusement authentique, certes, mais elle est une espèce de « condensé absolu » de dizaines de milliers d'interviews accordées par des élus belges, qui se sentent presque tous – c'est une curiosité – investis de l'impérieuse obligation morale de citer le mot « table » au moins une fois toutes les trois phrases.

2. J'ai dû inventer de faux titres, pour éviter tout risque de procès.

3. Auderghem est une des dix-neuf communes bruxelloises.

4. J'ai dû inventer de faux titres, pour éviter tout risque de procès *(bis)*.

serait plutôt : « La Belgique doit mouiller la chemise si elle ne veut pas piquer du nez. »

À Paris :

– Monsieur le ministre, vous avez une formation de philosophe. Cette formation vous est-elle utile dans l'exercice de vos fonctions ?

– Oui, absolument : je crois qu'il est important, lorsque l'on exerce de telles responsabilités, de ne pas perdre de vue le sens de son action, de ne jamais oublier, quoi que l'on fasse, qu'il y a des choses qui nous dépassent, ainsi que des mystères sur lesquels nous n'avons pas prise : le sens de la vie, ce que représente la mort.

À Bruxelles :

– Monsieur le ministre, vous avez une formation de philosophe. Cette formation vous est-elle utile dans l'exercice de vos fonctions ?

– Non.

Le lecteur me soupçonnera sans doute d'en rajouter pour le divertir. Eh bien, qu'il en juge par lui-même ! Je vous ai sélectionné deux sorties mémorables de responsables politiques belges.

Le 1er juillet 2010, le ministre d'État et ancien ministre de la Justice Philippe Moureaux, déclarait, dans une interview tout à fait officielle accordée au journal *Le Soir*, le principal quotidien francophone du pays : « Tout le monde est comme sous l'influence aujourd'hui du côté affable et aimable de Bart De Wever[1]. On souligne maintenant com-

1. Le leader indépendantiste flamand.

bien l'homme est aimable, intelligent... Mais attention, du côté francophone, à ne pas – permettez-moi l'expression – passer de la constipation à la diarrhée.» Pas vraiment du André Malraux.

Quelques mois plus tard, en septembre 2012, la ministre de la Culture de la Communauté française, Fadila Laanan, répondant à ses détracteurs qui lui reprochaient de sévères coupes dans les budgets théâtraux, déclarait laconiquement: «Une ministre doit avoir des couilles!»

Voilà, voilà.

Ah diable, si Jésus-Christ avait vécu en Belgique de nos jours, Dieu sait ce qu'il aurait déclaré sur la croix! Il n'aurait pas dit: «Pardonnez-leur, Seigneur; ils ne savent pas ce qu'ils font», mais quelque chose comme: «Ouch, ça fait mal aux mains et aux pieds, ces clous, dis, nom de tcheu[1]! Ils ont fait ça comme des cochons!» Et Napoléon, à la place de déclarer: «Soldats, du haut de ces pyramides, quarante siècles vous contemplent», aurait peut-être dit: «Dju[2], il faut chaud ici, dis! Crevant! Jamais sué comme ça, fieu!»

1. Nom de tcheu: il s'agit d'une évolution de «djeu», lui-même venant du «Dieu» de «nom de Dieu».

2. Dju: il s'agit, là aussi, d'une évolution de «djeu», lui-même venant (je le répète, parce que ça reste vrai) du «Dieu» de «nom de Dieu». D'où le fameux «rogntudju» du personnage de Prunelle, dans Gaston Lagaffe de Franquin (qui ne pouvait décemment pas écrire «nom de Dieu» dans une publication des très catholiques éditions Dupuis).

« UNE TÊTE DE MINISTRE WALLON »

En Belgique, la corrélation ministre = prestige a disparu depuis bien longtemps. En atteste une formule amusante et très populaire : « Celui-là a une tête de ministre wallon », pour désigner un bonhomme rondouillard au teint mauve, titubant dans les couloirs de son ministère après être sorti de son « heure de table[1] » aux alentours de 17 h 30. On se souvient à cet égard de feu Michel Daerden, ministre du Budget wallon réputé pour ses problèmes d'alcool. À un journaliste qui lui demandait si, la veille, il n'était pas saoul, il avait répondu avec humour : « Saoul ? Pas plus que d'habitude. »

Citons également avec force émotion une séquence télévisée[2] consacrée à Michel Demaret, à l'époque bourgmestre de Bruxelles, surnommé « Dikke Mich[3] » (ou, avec moins d'indulgence, « Monsieur 10 % », allusion aux soupçons de corruption qui pesaient sur lui). Des caméras l'avaient suivi pendant quelques semaines. Et ce fut une pétarade de séquences croquignolettes ; on y voyait ainsi notre homme attablé avec quelques amis, énumérer les célébrités qu'il avait pu rencontrer dans le cadre de ses fonctions de bourgmestre, et déclarer de toute sa superbe : « Clinton ? C'est un con. Jamais vu un type aussi con. Un pâle type. Mais quel bandit ! Incroyable. Une marionnette. » Puis, de prendre de la hauteur : « Les Américains, ce sont des gens qui ont des grands principes… pour leur portefeuille, oui. C'est vraiment des salauds. » Et ainsi de suite… On le voyait faire des bises et un gros câlin aux représentants du culte musulman

1. Son déjeuner. Théoriquement.
2. Datant de 1997, dans le cadre de l'émission « Strip-tease », sur la RTBF.
3. Littéralement : « le gros Mich ».

de Bruxelles : « Allez salut hein, manneke[1] », puis, à l'un d'entre eux qui se plaignait que les policiers demandent systématiquement leurs papiers aux Bruxellois d'origine maghrébine, de déclarer : « Oui mais dis, il y a 1 800 policiers à Bruxelles… Tu ne peux pas leur demander à tous d'être intelligents, hein dis ! » Avant de s'esclaffer.

Le moment le plus croustillant du reportage était sans nul doute la visite de Demaret au Parlement bruxellois. On voyait tout d'abord notre héros faire des signes avec son index à l'adresse de la caméra pour indiquer que l'Assemblée était composée de dingues, puis, en sortant dudit Parlement, y aller d'un somptueux : « Tu m'as vu ? Je suis venu une demi-heure ici, et tout le monde est content. Enfin dis… c'est de la foutaise, non ? Et qu'est-ce que j'ai dit ? Rien. J'ai écouté. Je vais te dire : pour ce qu'on fait, on gagne *de trop*. Quand on pense à ce qu'un ouvrier gagne dans un atelier ! Hein ! Et toi tu viens faire le pitre ici, et tu gagnes encore bien ta vie, dis, écoute ! Mais attention, je laisserais pas la place aux autres, hein : pour qu'ils aillent faire les cons, j'aime autant faire le con moi-même, alors ! Si les gens savaient ce que ça coûte ce brol[2] ici, ce serait autre chose ! »

Parmi les autres reportages mythiques, citons celui[3] consacré à Hervé Brouhon, autre bourgmestre de Bruxelles. Quel délice ce fut de voir ce savoureux édile faire ses courses au supermarché en pantoufles puis, chez lui, bien à l'aise en tenue de sport, accorder une interview pieds nus et bougeant

1. « Manneke » signifie « bonhomme » en bruxellois.

2. Brol : truc, machin ; empilement de trucs et de machins. (« Qu'est-ce que c'est que ce brol ? » « Tchoss, y en a du brol ici ! »)

3. Datant celui-là de 1992 (toujours dans le cadre de l'émission « Strip-tease »).

avec minutie ses élégants petits orteils, expliquant comment il avait séduit sa compagne, sa secrétaire à l'époque, en lui déboutonnant l'arrière de la jupe. Puis, de vider une bouteille entière de schnaps sur ses bananes flambées, avec sa fiancée qui crie du salon: « Pas trop d'alcool, hein chou ! »

Enfin, ne faisons pas l'économie du fameux reportage sur une délégation de politiciens belges en Corée du Nord, intitulé *Une délégation de haut niveau*[1]. Là encore, quelle merveille ce fut de découvrir ces élus du peuple entonner quelques chants grivois autour du feu, puis admirer une petite fille qui faisait l'éloge du grand leader Kim Jong-il. Un des membres de la délégation, bourgmestre de son état, allant jusqu'à déclarer: « Franchement, c'est remarquable, comme méthode d'éducation. Je vais essayer d'importer ce type de pédagogie dans ma commune. » Le modèle nord-coréen importé en Wallonie: un succès garanti !

« Pas jojos »

Même les drames personnels peuvent donner lieu à des saillies mémorables. Ainsi de Guy Cudell, bourgmestre de Saint-Josse-ten-Noode (une commune bruxelloise) de 1953 à 1999, qui fut enlevé en juin 1984 par un kidnappeur réclamant quarante millions de francs belges (un million d'euros) en échange de sa libération. L'issue de cette aventure ne manque pas de sel, puisque la version officielle veut que Guy Cudell soit parvenu à se défaire des menottes qui l'attachaient à un radiateur. C'est dire le professionnalisme du kidnappeur, qui en bon Belge, a foiré dans son achat de

1. Datant de 2000. (Devinez dans le cadre de quelle émission !)

menottes. On imagine le malheureux au Brico[1] : « Désolé monsieur, on est en rupture de stock pour les menottes de qualité. – Bon, ben donnez-moi un des modèles que vous avez en stock, alors. Même si c'est du vlek[2]. » Blague dans le coin, ce fut bien évidemment un drame. Et vous savez quoi ? Guy Cudell est parvenu à faire rire de cette mésaventure, par une envolée mythique ! Alors qu'il venait de recouvrer sa liberté, il s'adressa à ses administrés en des termes choisis : « Chers amis, le moins que l'on puisse dire, c'est que les moments que je viens de vivre ne furent *pas jojos*. » Encore une formule historique !

Allez, une dernière histoire de rapt pour la route : Paul Vanden Boeynants, Premier ministre de 1966 à 1968, puis en 1978 et 1979, fut kidnappé en 1989. Une histoire sordide (encore une) : le malheureux resta attaché et bâillonné durant trente jours sans parler à personne. Mais une fois encore, ce que les Belges en ont retenu, c'est cette formidable conférence de presse au lendemain de sa libération, durant laquelle la gouaille et l'accent bruxellois de « V.D.B. » (son surnom) firent merveille. Son entrée en matière fut immédiatement mythique : « C'est en rentrant chez moi, tout à fait relax, m'apprêtant à retrouver la famille et à aller manger tout simplement un petit morceau dans un restaurant à proximité de chez moi, qu'au moment où j'ai introduit la clé dans la serrure, deux hommes me sont tombés dessus. » Des éléments de son intervention furent promptement samplés par un groupe techno plaisamment baptisé B.S.R. (pour Brussels Sound Revolution, clin d'œil à la Brigade de surveillance et de recherche, subdivision de

1. Brico : véritable institution en Belgique, qui vend divers appareils de bricolage (comme Leroy Merlin, en France).

2. Vlek (bruxellois) : de piètre qualité. Du flamand *vlek* : tache, saleté.

la gendarmerie belge qui avait été chargée de l'enquête). Des sorties qui conquirent vite le cœur des Belges : « Qui m'a enlevé ? », « J'ai dit et je vous le dis comme j'ai dit parce que je me suis dit : V.D.B., tu n'vas pas crever », « Mon loden déchiré, ma pipe… résultat des courses, je suis resté en chemise et en caleçon ! ». Un 45 tours écoulé à l'époque à plus de 50 000 exemplaires…

« Se mettre d'accord pour trouver un accord »

Bref, en Belgique, on n'y met pas les formes. Cela se voit également au cadre général des (nombreuses) négociations institutionnelles sur l'avenir de la Belgique (dont nous parlerons plus tard). Des heures, des jours, des semaines, des mois, des années à discuter, encore, sans cesse, à négocier, à palabrer, à s'indigner, à quitter la table bruyamment et à s'y rasseoir tout aussitôt, à coups de déclarations outrées, puis apaisantes, puis outrées à nouveau. On ne peut connaître la Belgique sans baigner dans cette ambiance.

Et il faut voir ces sorties de négociations institutionnelles à 4 heures du matin, avec ces malheureux ministres au teint livide, cheveux ébouriffés et cernes mauves, déclarant l'œil mi-clos et injecté que « ça ne va pas du tout », qu'« il y en a certains ici qui refusent de mouiller la chemise », qu'« on fonce droit dans le mur ». Ces départs sinistres de ministres sous la pluie au beau milieu de la nuit, avec des camions qui les éclaboussent d'eau de pluie gelée, et des taxis qui ne s'arrêtent même pas pour eux. Un prestige si bas que, bientôt, le Premier ministre en personne ira demander à des journalistes s'ils ne peuvent pas le déposer chez lui. « Et puis si vous pouviez ramener Vladimir Poutine à son hôtel aussi ? C'est sur le chemin. »

À l'issue de ces journées – et ces nuits – de négociations, toujours les mêmes commentaires des négociateurs suants :

– Alors, pas trop crevé après ce marathon ?

– Écoutez, il faut trouver un accord.

– Ben oui ! Et vous l'avez trouvé ?

– Il faut trouver un accord.

– Bon. Donc vous ne l'avez pas trouvé ?

– Il faut que les partenaires de la majorité trouvent un accord.

– Bien, mais vous l'aurez trouvé quand, à votre avis, cet accord ?

– Les partenaires de la majorité doivent s'entendre pour trouver un accord.

– Mmmm… si je vous comprends bien, vous n'êtes tombés d'accord sur rien ?

– Si : nous sommes tombés d'accord sur le fait qu'il fallait trouver un accord.

« Nos bureaux étaient fermés pendant les fêtes »

Pour résumer l'esprit belge, encore une petite anecdote : au moment de la polémique à propos de l'exil fiscal de Gérard Depardieu, en janvier 2013, le président de la Commission parlementaire belge chargée d'examiner les demandes de naturalisation déclara : « Nous n'avons eu aucun contact avec monsieur Depardieu. Mais cela n'est pas anormal car nos bureaux étaient fermés pour les fêtes. »

QUIZZ

Arrivés au bout de ce premier chapitre, vérifions à présent si vous en avez bien intégré toutes les données.

Le but n'est pas de vous mettre la pression, mais enfin, pour que le titre de ce livre ne soit pas mensonger, je suis bien obligé d'être vigilant. Mettez-vous à ma place : le titre Comment devenir belge *me pousse à une obligation de résultat, à l'inverse de Marcel Proust qui, avec un titre comme* À la recherche du temps perdu, *pouvait toujours dire à d'éventuels lecteurs déçus qu'il ne l'avait finalement pas trouvé, le temps perdu.*

Toujours est-il. Sachez que vous êtes en bonne passe de devenir belge si vous êtes en mesure de répondre à votre aise aux 10 questions suivantes.

1° On dit souvent que le Belge est :
a/ sympathique.
b/ antipathique.

2° Le Belge s'exprime :
a/ mal.
b/ bien.

Bon, je sais que je devrais un peu affûter mes questions, mais je me dis que si le lecteur trouve aisément les réponses, il se sentira en confiance, donc il voudra lire la suite.

3° Dans quel pays Karl Marx a-t-il écrit *Le Capital* ?
a/ en Belgique.
b/ pas en Belgique.

Certains esprits chagrins seront enclins à me faire remarquer que, si je pose la question, la réponse est évidemment « en Belgique ». (Pourquoi, en effet, parlerais-je ici du Capital *de Karl Marx s'il avait été écrit en Poméranie ?) À ceux-là, je réponds tout simplement qu'ils gâchent mon plaisir.*

4° Combien de gardes sont-ils en faction devant le Palais royal de Bruxelles ?
a/ aucun.
b/ un seul.

Tout dépend si on compte le concierge ou pas.

5° Comment s'appelle le train à grande vitesse qui relie Paris à Bruxelles ?
a/ le Thalys.
b/ le Thalos ? le Thalus ? le Thalès ? le Whalis ? le Whalys ? le Khalos[1] ?

À propos du Thalys, je vous livre un petit truc si vous avez du mal à alimenter une conversation : demandez à vos interlocuteurs d'où vient le nom Thalys. *Vous en aurez pour un bout de temps, car dans 99 % des cas personne n'en sait rien. Certains esprits cultivés évoqueront la piste d'un Dieu grec (et c'est vrai que ça pourrait coller, étant donné la consonance), mais je n'ai pas trouvé de Dieu grec*

1. Je ne suis pas parvenu à choisir entre toutes les fausses propositions auxquelles j'avais pensé ; je trouvais qu'elles sonnaient toutes bien, alors je vous les livre toutes, par pure générosité.

appelé Thalys. On parle aussi parfois d'un algorithme informatique, qui serait à l'origine du mot. Sans réponse à ces taraudantes questions, je me suis jeté à corps perdu dans Google… mais je n'ai rien trouvé. C'est dire.

6° Qui a écrit : « De tous les peuples de la Gaule, les Belges sont les plus braves » ?

a/ Jules César.
b/ moi-même.

Réponse : les deux, puisqu'en citant Jules César, je viens de l'écrire moi-même (finesse).

7° Quelle hymne l'ex-futur Premier ministre belge Yves Leterme entonna-t-il après qu'un journaliste lui eut demandé de chanter *La Brabançonne* ?

a/ *J'aime regarder les filles*, de Patrick Coutin.
b/ *La Marseillaise.*

La bonne réponse est b.

8° Quelle est la seule chose sur laquelle tous les négociateurs gouvernementaux sont d'accord ?

a/ sur le fait qu'il faut trouver un accord.
b/ sur le fait que les autres ne veulent pas trouver d'accord.

Les deux réponses sont valables.

9° D'après Michel Demaret, bourgmestre de Bruxelles au moment de cette déclaration, Bill Clinton était :

a/ un con.
b/ un pâle type.

Réponse : les deux.

10° Après son kidnapping, le bourgmestre de Saint-Josse-ten-Noode déclara à ses administrés que les moments qu'il venait de vivre n'avaient pas été :

a/ jojos.
b/ très gags.

La bonne réponse est a.

RÉSULTATS DU QUIZZ

Si vous avez pu répondre à plus de 8 questions sur 10, vous venez de passer avec succès la première étape pour devenir belge. Bravo !

Leçon n° 2 :

HABITUEZ-VOUS AUX IMMUABLES QUESTIONS DES FRANÇAIS

OÙ L'ON APPREND À BRILLER EN SOCIÉTÉ EN RÉPONDANT PIED À PIED À DIVERSES INTERPELLATIONS INTEMPESTIVES

Les Français ne réalisent sans doute pas l'effet que produit chez eux l'annonce d'une nationalité pourtant peu extraordinaire.

– Quoi, vous êtes belge ?

– Ben oui.

– C'est pas vrai ?

– Ben si.

– Belge ? Vraiment, belge ?

– Mais oui.

– C'est dingue, ça !

– Qu'est-ce que ça a de dingue ?

– Justement, j'adore les Belges !

Ah ben oui, dites donc, ça c'est dingue. Quel hasard incroyable. Ce type adore les Belges[1] et paf : il en croise justement un ! La vie réserve de ces surprises !

Je n'ai jamais compris d'où venait cet effet de surprise systématique. « Vous êtes belge ? Incroyable ! », alors que tout de

1. Vu qu'ils sont si sympathiques.

même, rappelons que la Belgique est un pays limitrophe de la France ! On est juste à côté ! On a une frontière commune ! Qu'y a-t-il donc de si incroyable à croiser un Belge lorsqu'on est français ? Un habitant de l'île de Pâques, je ne dirais pas, ou alors un Bhoutanais, mais un Belge ? On croirait presque le Français confronté à une rareté, un spécimen anthropologique, comme un perroquet albinos ou une girafe parlante.

« Vous allez un peu nous expliquer ce qui se passe chez vous ! »

Une discussion type entre un Français et un Belge est assez arrêtée : le Français se sent tout d'abord obligé de préciser qu'il n'a « rien contre les Belges », comme si c'était là une chose incroyable. Après quoi, la conversation se dégrade assez rapidement.

– On est vraiment ravis de vous rencontrer, parce que vous allez un peu nous expliquer ce qui se passe dans votre pays. Figurez-vous qu'on n'y comprend rien, nous ! On est complètement largués ! Si j'ai bien compris, vous n'avez pas de gouvernement depuis plusieurs mois, c'est ça ? Ou alors vous en avez un, mais il y aura bientôt des élections qui vont changer la donne ? Qu'est-ce qu'il en est ?

Wouf. C'est pas vrai. *Story of my life*. La malédiction perpétuelle. Cette obligation incessante d'expliquer la crise de votre pays, alors que vous n'en avez aucune envie. Enfin quoi, est-ce qu'on demande à tous les charcutiers qu'on croise de nous expliquer l'histoire du jambon à l'os ?

Imaginez le calvaire du Belge, obligé de se muer en historien politologue de son royaume dès qu'il pointe le bout de son nez hors de ses étroites frontières.

– Tu vas nous la raconter, mon p'tit gars, l'histoire de ton pays ! Parfaitement ! Que tu le veuilles ou non ! De toute façon tu n'as pas le choix : on a bloqué toutes les issues !

Vous me direz que j'exagère, qu'on n'interpelle ainsi les Belges qu'en cas de crise gouvernementale. Malheureux ! Naïfs ! Sachez, amis lecteurs – ceci est une donnée intangible – que la Belgique est perpétuellement en crise, que « Belgique » et « crise » sont synonymes, que si la Belgique n'était pas en crise ce ne serait plus la Belgique, que sans Belgique pas de crise, et sans crise pas de Belgique[1]. Si bien que, les rares fois où le pays dispose d'un gouvernement (tout arrive !), le célèbre « Alors comme ça, vous n'avez pas de gouvernement ? » se mue tout simplement en : « Dites-moi... c'est la crise, chez vous, entre les Wallons et les Flamands ? Qu'est-ce qui se passe ? »

« C'EST COMPLIQUÉ »

À cela, je recommande de répondre : « Oh, c'est compliqué. » Je sais, ça n'a l'air de rien, mais en général ça passe ; mieux : pour des raisons qui m'ont toujours échappé, votre interlocuteur semblera même se satisfaire de cette réponse.

Si par malheur il insiste (il y a des vicieux), tentez de le décourager. Ce n'est pas difficile : il suffit de lui exposer les choses telles qu'elles sont. Inutile d'en rajouter. En général,

1. Le site www.lerecorddumonde.be décomptait le nombre de jours du pays sans gouvernement. Et puis, on a fini par avoir un gouvernement. Mais, comme « on ne sait jamais », le site existe toujours, et il décompte aujourd'hui le nombre de jours depuis qu'on a un gouvernement. Ça évite de se reposer sur ses lauriers.

quinze secondes de présentation précise des institutions belges suffisent à créer un phénomène d'assoupissement quasi mécanique. J'ai personnellement toujours dans ma besace, prêt à servir, un bon vieux speech sur les communautés[1], les régions[2], les deux langues, enfin non, les trois, puisqu'il y a aussi ce qu'on appelle en Belgique « les cantons rédimés », qui sont la partie germanophone du pays, mais qui font géographiquement partie de la région wallonne (et donc francophone[3]). S'il en veut encore, j'accélère le débit : « Moi ? Je suis bruxellois… Non, ce n'est pas wallon. Je ne suis pas du tout wallon… Ah si, je suis francophone… Mais Bruxelles n'est pas la capitale de la Wallonie, même si elle est majoritairement francophone… En fait, Bruxelles est la capitale de la Flandre… non, je ne plaisante pas… C'est ça : donc, j'habite dans la capitale de la Flandre, mais je n'habite pas pour autant en Flandre, vu que Bruxelles est une région bilingue. »

« Et s'il y a une guerre entre les Wallons et les Flamands, vous serez de quel côté ? »

Là, même les plus tenaces me lâchent. Subsisteront peut-être juste quelques irréductibles qui me pousseront dans mes retranchements ultimes :

---

1. Les communautés sont compétentes en matière d'enseignement, de culture, de politique de santé et d'aide aux personnes. Il y en a trois : la Communauté française, la Communauté flamande et la Communauté germanophone (pas de stress : on en reparlera plus tard).

2. Les régions disposent d'une autonomie étendue dans les domaines des travaux publics, du logement, du tourisme, de l'environnement, de l'économie et de l'emploi. Il y en a trois : la Région wallonne, la Région flamande et Bruxelles-Capitale (on en reparlera aussi plus tard).

3. Les cantons de l'Est furent rattachés à la Belgique en 1919, au titre de dommages de guerre.

– Mais s'il y a une guerre entre les Wallons et les Flamands, vous serez plutôt du côté des Wallons ?

Alors là. La question qui tue. Qu'est-ce que je sais, moi ? Et vous, en cas de guerre entre les Espagnols et les Suédois, vous seriez plutôt de quel côté ? Et en cas de guerre entre les Schtroumpfs et les Marsupilamis ? Et entre des citrouilles et des patates, vous choisiriez quel camp ? Et si Mars venait à envahir Vénus, ne me dites pas que vous resteriez les bras croisés ?

Et enfin, l'estocade ultime : « Et, euh… est-ce que vous vous sentez belge, au fond ? » Aaargh ! Au secours !

À cette question, je possède très exactement trois réponses circonstanciées que je me fais un plaisir de vous répertorier ici, car ce serait vraiment dommage d'en rater une miette :

- Soit « oui, je me sens belge ».
- Soit « non, je ne me sens pas belge ».
- Soit « oh ben je ne sais pas, il faut voir ».

Et voilà, un bon petit débat dans la boîte !

« Des rigolards, des clowns, des farceurs, des boute-en-train »

Une autre interrogation qui me taraude : que diable se passe-t-il dans le cerveau du Français pour qu'aussitôt le mot « belge » prononcé, des vagues de félicité envahissent tous les muscles de son visage ? Le sol belge ne serait-il donc foulé que de rigolards, de clowns, de farceurs, de boute-en-train, de comiques, d'as de la poilade, de gens charmants tous unis dans une sarabande perpétuelle de chaleur humaine et de fous rires en cascade ? Tout cela dans une atmosphère enivrante de surréalisme et d'autodérision, avec des Tintin à chaque coin de rue et des Spirou un peu partout ?

Bon sang, quelle chance il a, le Français, de pouvoir visiter un royaume plein d'exotisme à seulement un jet de pierre de chez lui avec des gens si chouettes ! Et si marrants ! Une civilisation tout autre, étrange et ensorcelante, à portée de Thalys !

Le Belge serait donc un fournisseur gratuit de bonne humeur.

« Eh, les Belges ! Vous avez encore un roi, vous ? Il a une couronne ? Ha, ha ! »

C'est ainsi que mes compatriotes, dès qu'ils dépassent Quiévrain, doivent se préparer à essuyer un feu nourri de saillies à vocation drolatique.

– Eh, les Belges ! Vous avez encore un roi, vous ? Mais nous, ça fait plus de deux cents ans qu'on l'a guillotiné, notre roi ! Alleï[1], vous êtes en retard, les Belges ! Une fois ! Ha, ha !

Dans ce cas-là, inutile de se fatiguer à argumenter ; le Belge sourit poliment. Il faut savoir prendre sur soi, quand on est belge. Idem pour le très pénible : « Eh, le Belge ! Une frite ? » La première fois, le touriste belge sera peut-être tenté d'attendre la blague qui suit, mais non, il n'y a pas de blague qui suit : la plaisanterie réside dans la simple mention du mot « frite » ! Pour le reste (ça me fait mal d'avoir à les évoquer, mais il faut ce qu'il faut), le Belge tentera de rester impassible aux inévitables « alleï, alleï[2], une fois » et autres

1. Dans une tentative assez piteuse d'imitation de l'accent belge.
2. Moult « alleï » sont hélas de rigueur. (Il y en a rarement un seul.)

blagues dénigrantes. Car s'il se rebiffe, il prête le flanc à un bien amer: «Eh ben quoi? T'as pas d'humour, le Belge? Je croyais que tu étais sympathique!» Or, il est absolument exclu d'admettre que le Belge n'a pas d'humour! C'est inscrit dans ses gènes, dans ses chromosomes! Il est de notoriété publique que le Belge se réveille en se poilant, qu'il prend sa douche en se bidonnant, qu'il mange en s'esclaffant, fait la file à l'administration en se tenant les côtes, passe ses journées à lire des livres de blagues et à écrire des sketches à se rouler par terre; c'est comme ça, c'est la Belgique!

Le tableau ne serait toutefois pas complet sans ces trois grands classiques:

«En tout cas, les Belges, on vous aime bien.»

«Vous êtes un petit pays marrant.»

«On adore tellement discuter avec vous.»

Analysons chacune de ces saillies méthodiquement, car je soutiens ici, avec tous les atours de la solennité, qu'elles sont toutes fausses.

- **Première saillie:**
«En tout cas, les Belges, on vous aime bien.»

Ah bon? Première nouvelle! Dans les films américains, par exemple, le Belge passe souvent pour le bouseux ultime. Si Sacha Baron Cohen n'avait pas opté pour le Kazakhstan comme pays du grotesque incarné dans son film *Borat*, il aurait pu songer à la Belgique. La Belgique, ou l'incarnation du pays reculé, grotesque et insignifiant. Dans *Austin Powers* de Jay Roach, le comédien Mike Myers, qui incarne le Docteur Denfer, déclare: «Mon père était un boulanger belge perfectionniste avec une tendance à la narcolepsie et à la pédophilie.» Quel chaleureux hommage! Et, dans *Singles* de Cameron Crowe, un chanteur de rock en perdition explique à un impresario potentiel: «Je pense expansion. On compte énorme en Europe! On a des disques, euh… on a explosé en Belgique!»

Il existe d'autres angles d'attaque. Dans *The League Of Extraordinary Gentlemen*, l'un des personnages qui se fait canarder hurle: «Des fusils automatiques! Bon sang, qui a de telles armes?» Et son interlocuteur de lui rétorquer: «Pas très fair-play. Sûrement des Belges.» Dans *Iron Man 2* de Jon Favreau (2010), un des héros, en présentant des armes: «Un FN-2000 de Belgique. Ils savent faire autre chose que des gaufres[1].»

Bref, rien de bien glorieux. Rien d'horrible, nous sommes d'accord; rien d'infamant, juste des propos vexatoires. Mais qui ne vexent pas le Belge, en fait. Il est habitué. Il s'en fiche. Peu lui chaut. Mieux: en général, il est d'accord avec les foutages de gueule dont il est objet! Il est, comment dire… fier de ne pas être fier. Et ça ne date pas d'hier. Victor Hugo, par exemple, écrivait déjà en 1852: «Bruxelles est bien la ville de la contrefaçon. Le fronton grec de sa Chambre des États ressemble au fronton grec de notre Chambre des députés; le ruban amarante de Léopold est une contrefaçon de la Légion d'honneur; les deux tours carrées de Sainte-Gudule, belles d'ailleurs, ont un faux air de Notre-Dame. Enfin, par un malencontreux hasard, la petite rivière qui passe à Bruxelles s'appelle, pas tout à fait la Seine, mais la Senne.» Eh bien le Premier ministre de l'époque, Henri de Brouckère, disait partager ce point de vue.

1. Un grand merci au site www.everybodyknowsbelgium.com, qui répertorie les films américains qui parlent de la Belgique.

Parfois, les dénigrements vont plus loin ; on ne peut, à ce sujet, esquiver le fameux pamphlet *Pauvre Belgique*, connu de tous les Belges (qui se marrent toujours en le lisant), écrit par Baudelaire aux alentours de 1865, dont voici quelques extraits savoureux : « Le visage belge, obscur, informe, blafard ou vineux, bizarre construction des mâchoires, stupidité menaçante. La démarche des Belges, folle et lourde. Ils marchent en regardant derrière eux, et se cognent sans cesse (...). Affreuse laideur des enfants. Pouilleux, crasseux, morveux, ignobles. Laideur et saleté. Même propres, ils seraient encore hideux. Peuple siffleur et qui rit sans motif, aux éclats. Signe de crétinisme. Tous les Belges, sans exception, ont le crâne vide (...). Pas de femmes, pas d'amour. Pourquoi ? Pas de galanterie chez l'homme, pas de pudeur chez la femme. Type général de physionomie, analogue à celui du mouton et du bélier. Le sourire, impossible, à cause de la structure des dents et des mâchoires. (...) Les cheveux jaunes. Les jambes, les gorges, énormes, pleines de suif. Les pieds, horreur ! En général une précocité d'embonpoint monstrueux, un gonflement marécageux, conséquence de l'humidité de l'atmosphère et de la goinfrerie des femmes. Ici, il y a des *femelles*. Il n'y a pas de femmes (...). Il est difficile d'assigner une place au Belge dans l'échelle des êtres. Cependant on peut affirmer qu'il doit être classé entre le singe et le mollusque. Il y a de la place (...). À quel échelon de l'espèce humaine ou de l'espèce simiesque placer un Belge ? (...) La Belgique est un bâton merdeux. »

Bon, d'accord, ça fait longtemps, et puis, comme chacun sait, le Belge ne se vexe pas et sait rire de lui-même[1] ;

1. Il faut dire que parfois, même les Belges s'y mettent. Ainsi, l'homme politique Jules Destrée écrivait aux alentours de 1900 : « Une espèce de Belges s'est formée dans le pays, et principalement à Bruxelles. Mais elle est vraiment peu intéressante. Elle semble avoir additionné les défauts

toujours est-il que l'adage « on vous aime bien, les Belges » est assez discutable.

Petit cadeau bonus

Je sens que ces sorties de Baudelaire vous ont fort plu, alors je me propose de vous en citer quelques autres, toujours extraites de *Pauvre Belgique*, car les occasions de s'amuser dans la vie sont trop rares…

- « Il y a ici une grande avarice, une lenteur infinie en toutes choses, une masse immense de cervelles vides ; pour tout dire, tous ces gens sont plus bêtes que les Français. »
- « Tout est mauvais, excepté le vin. Le pain est mauvais. La viande n'est pas mauvaise par elle-même. Elle devient mauvaise par la manière dont elle est cuite. Les gens qui vivent chez eux vivent moins mal. Mais l'hôtel, le restaurant, la taverne à l'anglaise, tout cela est mauvais. »
- « En finir avec ce pays, où les quelques belles choses qu'il faut avoir vues ne compensent pas l'horreur et le dégoût que me causent les habitants. »

Deux bouts de poèmes pour finir :

- ***L'Inviolabilité de la Belgique***

« Qu'on ne me touche pas ! Je suis inviolable ! »
Dit la Belgique. C'est, hélas ! incontestable.
Y toucher ? Ce serait, en effet, hasardeux,
Puisqu'elle est un bâton merdeux.

…/…

de deux races, en perdant leurs qualités. Elle a pour moyen d'expression un jargon innommable dont les familles Beulemans et Kakebroek ont popularisé la drôlerie imprévue (…). Cette population de la capitale, dont quelques échantillons épars existent en province, n'est point un peuple : c'est un agglomérat de métis (…). En réalité, le métis est insensible à l'appel de la race, à l'amour de la terre et des aïeux. »

.../...

• Épitaphe pour la Belgique

On me demande une épitaphe
Pour la Belgique morte. En vain
Je creuse, et je rue et je piaffe;
Je ne trouve qu'un mot: «Enfin!»

Allez, merci bien.

• Deuxième saillie: «*Vous êtes un petit pays marrant.*»

Alors là! Vous allez voir, tiens, si on est un petit pays marrant. Notre pays peut être très glauque, et même très, très glauque, je vous ferai dire.

L'assassinat d'André Cools, par exemple.

André Cools, qui fut tout de même vice-Premier ministre, président du parti socialiste, président du Parlement wallon et ministre d'État, termina avec deux balles dans le dos sur un parking en 1991. Un peu comme si Alain Juppé avait fini canardé en allant faire ses courses au supermarché. Pour un pays marrant, on a vu mieux.

Les raisons de cet assassinat sont assez nébuleuses; tout au plus sait-on que deux tueurs siciliens avaient été engagés par la mafia italienne, et qu'André Cools leur avait été présenté comme un revendeur de drogue. L'histoire se termina par diverses arrestations et autres suicides, dans une ambiance que l'on imagine délicieuse. En plus, comme si cela ne suffisait pas, cette sombre histoire déboucha très vite sur le scandale Agusta, une (autre) sombre histoire de pots-de-vin entre le ministère de la Défense et un constructeur d'hélicoptères. Une « affaire dans l'affaire », comme on dit en Belgique. (La Belgique, le pays des « affaires dans l'affaire ». Parce qu'une seule affaire, c'est frustrant. Et puis c'est vrai, quoi : pourquoi faire les choses à moitié ?)

Je rigole, mais ces histoires d'André Cools et de scandale Agusta ont eu des implications sur ma vie personnelle. Parfaitement. J'étais inscrit à l'Université libre de Bruxelles quelques mois après l'assassinat d'André Cools, et parmi mes professeurs se trouvait Philippe Moureaux, un fidèle et un proche d'André Cools, qui avait fait l'objet de menaces répétées, et qui circulait donc entouré de deux gardes du corps. Alors, ambiance sicilienne ? Pensez-vous ! Pendant le cours, les deux gardes du corps poireautaient devant les deux portes d'entrée de l'auditoire… Mais il n'y avait personne pour surveiller la troisième porte, située de l'autre côté de la salle. Logique : il n'y avait que deux gardes du corps ! Vous pensez bien que deux gardes du corps ne peuvent pas surveiller trois portes à la fois. Il faut dire qu'on n'avait pas véritablement affaire à des *bodyguards* à l'américaine : ils fumaient leurs clopes bien relax, faisaient des clins d'œil aux étudiantes, et allaient tranquillement s'acheter une petite sucrerie en cas de fringale. Laissant donc l'accès à l'auditoire complètement libre. Ben quoi ? Faut bien se sustenter !

Tant qu'on y est, il faut aussi que je vous raconte l'histoire du dépeceur de Cuesmes, qui dans le genre sordide nous a hissés assez haut au firmament des nations. Ce dépeceur fut également appelé « dépeceur de Mons » pour des raisons de marketing, vu que la ville de Mons est plus connue que Cuesmes. Mais attention : Cuesmes n'est pas loin de Mons, donc ce n'est pas vraiment un mensonge. De quoi s'agit-il ? Eh bien, le long d'une grand-route (toujours filmée sous la pluie et dans le noir, comme il se doit), entre mars 1997 et avril 1998 fut faite une série de – attention à l'expression consacrée, bien connue des Belges – « macabres découvertes ». Eh oui : il ne nous manquait plus que ça. Un *dépeceur*. Qui avait disposé une série de troncs humains, de bras et de jambes dans des sacs-poubelle abandonnés le long de la route. En plus, cerise sur le gâteau : ces sacs furent retrouvés successivement rue de la Trouille, chemin de l'Inquiétude, près de la rivière Haine et enfin rue du Dépôt.

Qu'à cela ne tienne ! Une cellule d'enquête fut créée pour découvrir l'identité du dépeceur, et cette cellule s'appelait... *Corpus* ! Mais si ! Pourquoi pas *Troncus* ou *Jambus*, tant qu'à faire ? Cette cellule était constituée de quatre enquêteurs de la Police judiciaire fédérale, et a longtemps fonctionné à plein temps. Et puis le temps passant, faute de résultats et se décourageant sans doute, les membres de la section (c'est le cas de le dire) ont repris d'autres dossiers. Mais attention ! Les communiqués de presse le dirent très clairement, à l'époque : « la cellule n'a cependant pas été dissoute » ! Le mot « dissoute » m'amenant au fait divers suivant, dans une transition qui fait ma fierté.

On ne peut en effet évoquer la noirceur de ce pays sans évoquer l'épouvantable pasteur Pandy. Mais comment diable font-ils tous pour avoir des noms pareils ? Ou alors, sont-ce ces noms difficiles qui les poussèrent au crime ? Toujours est-il que ce sympathique pasteur fut condamné en 2002 à la prison à vie par la cour d'assises de Bruxelles pour le meurtre de ses deux épouses et de quatre de ses enfants. Le pasteur, résidant dans un quartier de Bruxelles appelé le Chaudron-du-Diable (je vous jure) avait la particularité de dissoudre le corps de ses victimes (de ses enfants, donc) dans de l'acide. Il commençait par les tuer à coups de marteau, puis il décapitait les cadavres à l'aide d'une hache, ensuite il les découpait au couteau de cuisine, après quoi il les dissolvait dans des cuves contenant un produit chimique destiné à déboucher les canalisations. Enfin, il allait déposer les os aux abattoirs d'Anderlecht. Après analyse, un collège d'experts psychiatres avait diagnostiqué un « dérangement de la personnalité ». Finement observé.

Quoi encore ? Le 23 avril 1998, Marc Dutroux, l'ennemi public n° 1, l'homme le plus haï du royaume, la figure repoussoir ultime, le monstre par excellence, l'auteur de crimes abominables sur des enfants, a échappé à la vigilance de ses gardiens d'une manière pitoyable, qui résume à elle seule la Belgique : il a... bousculé les policiers, puis il est parti en courant. Il n'était même pas menotté. Et on l'a perdu pendant trois heures.

Même quand j'étais plus jeune, mon pays n'était pas un havre de paix. Entre 1982 et 1985, la Belgique fut secouée par une quinzaine d'attaques à main armée visant pour l'essentiel des grands magasins, faisant des dizaines de victimes innocentes. On parlait avec crainte des « Tueurs du Brabant wallon[1] ». Citons enfin les C.C.C. (pour Cellules communistes combattantes) qui commirent et revendiquèrent une série d'attentats à la bombe sur le sol belge (rien qu'en octobre 1984, il y en eut cinq[2]). Les protagonistes furent finalement arrêtés. Et vous savez combien ils étaient ?... Cinq ! Cinq types qui se cachaient dans une cave ! On était loin de la Longue Marche de Mao Tsé-toung !

---

1. Une commission parlementaire fut créée en 1988, qui entendit 118 témoins, et qui remit un rapport en 1990 expliquant en l'espèce que « la question est de savoir s'il s'agissait de banditisme ou de terrorisme » (en effet), et que « ces crimes dissimulèrent d'autres mobiles » (fort probablement). Et puis... plus rien.

2. Il y eut des attentats contre le secrétariat du parti chrétien-démocrate flamand, contre le centre de télécommunications d'une base aérienne militaire, contre des oléoducs de l'OTAN, contre la Fédération des entreprises de Belgique (représentant des organisations patronales), contre des centres de recrutement de l'armée, contre des sièges de banques.

• ***« Vous êtes un petit pays marrant » – suite***

Ce n'est pas pour la ramener, mais enfin rien qu'à Bruxelles on compte tout de même 285 représentations permanentes, 1 400 organisations internationales non gouvernementales, 4 000 personnes travaillant pour l'OTAN, 40 000 personnes employées par l'Union européenne et plus de 60 000 réunions internationales par an (ayons une pensée pour le pauvre type qui les a comptées). Pour un petit pays de derrière les broussailles, c'est quand même pas mal, non ? Gageons en effet que ces réunions ne portaient pas toutes sur les frites, les moules, les blagues ou les accents.

Et puis vous savez, on n'a pas toujours eu que des ringards, chez nous : André Vésale, au XVIe siècle, a quand même découvert que les vaisseaux sanguins partaient du cœur et non du foie ; Jean Palfin, au XVIIe siècle, a inventé le forceps ; Louis Seutin, au XIXe, a découvert comment traiter les fractures ; Jules Bordet, aux alentours de 1920, a permis des avancées exceptionnelles en immunologie. Le premier atlas fut créé en Belgique, la dynamo fut inventée en Belgique, la théorie du big-bang fut élaborée en Belgique (par un chanoine !), le gaz fut découvert en Belgique, ainsi que la glace vanille[1] (mais si), le moteur à combustion à bougies, les soupapes, la peinture à l'huile, le saxophone, le chant *L'Internationale*, les pralines (qu'on appelle « chocolats » en France), les grands magasins, le pèse-personne, le patin à roulettes, la lampe à incandescence, la passoire pour légumes (anecdote typiquement belge : l'inventeur, Victor Simon, oublia de déposer le brevet, et ne toucha pas un clou sur son invention). Et enfin, *last but not least*, ce

1. Le chimiste belge Charles Morren (1807-1858) a découvert la fécondation artificielle de la vanille en 1837.

que tout le monde ignore mais qui est tout de même capital, et qui devrait être une gloire nationale si seulement le Belge apprenait un peu à se vendre : c'est en Belgique que fut inventé l'anhydrure de polyoxybenzylméthylèneglycol[1] !

Et puis, outre sa législation avant-gardiste concernant le cannabis (dépénalisé en 2001), l'euthanasie (dépénalisée en 2002) ou le mariage gay (légalisé en 2003), la Belgique fut le premier pays au monde à avoir interdit les bombes à sous-munitions (en 2006) ; le deuxième pays au monde à avoir interdit les mariages forcés ; le pays à la plus haute proportion de femmes ministres au monde ; un des seuls pays où l'éducation est obligatoire jusqu'à dix-huit ans ; un pays qui fut élu neuf fois au Conseil de sécurité de l'ONU, soit le neuvième plus haut score au monde, ce qui n'est quand même pas mal pour une si petite nation. Mais bon ! Pourquoi en faire tout un foin ?

- **Troisième saillie :**
« *On adore tellement discuter avec vous !* »

Allez, ça c'est chouette, parce que je peux vous dire que les conversations entre Belges ne sont pas toujours fascinantes. Je crois même être en mesure d'affirmer, après plusieurs années d'observation, que deux sujets se dégagent principalement : la météo, et l'immobilier. Les meilleurs stimulants de neurones qui soient, comme chacun sait.

La météo, d'abord. C'est pour des raisons qui échappent à l'entendement que le temps – ou plutôt, pour le dire plus scientifiquement, les « conditions atmosphériques » – occupe une place prépondérante dans les conversations

1. Il s'agit du nom scientifique de la bakélite, qui fut développée par le chimiste Leo Baekeland au début du XXe siècle.

et l'esprit des Belges. En effet, le climat belge est doux, tempéré et humide. C'est-à-dire qu'il n'y fait jamais « inhumain » : on y respire toujours bien. Pourtant, quelle affaire, quelle obsession ! Le pire des hivers ne fera jamais descendre le mercure en dessous de – 5 °C, bien loin des hivers russes ou canadiens ; en général une bonne grosse veste et une écharpe suffisent, alors pourquoi en faire chaque fois un tel foin ! « C'est horrible, quel froid, je gèle ! » Et c'est pareil dans l'autre sens : quelques jours par an, il fait très chaud, on atteint alors parfois les 30 °C, et là c'est tout de suite la panique, la fin du monde, l'apocalypse, on va tous crever de déshydratation, vite, tous aux abreuvoirs, et qu'est-ce qu'on va faire si le mercure ne redescend jamais ?

Le plus savoureux étant le sacro-saint : « C'est pas vrai, il pleut encore ! Mais enfin, qu'est-ce que c'est que ce pays ? » Alors que l'Institut national de météorologie est formel : il y a en Belgique 207 jours de précipitations par an. C'est-à-dire qu'il pleut plus d'un jour sur deux ! Et pourtant, à chaque goutte, c'est toujours la même indignation, comme si on nous avait vendu un pays ensoleillé et que, oh l'arnaque, il pleut tout le temps. Mais on le sait, qu'il pleut tout le temps ! C'est comme ça !

Les phrases les plus entendues dans ma vie :

- « Mais enfin, mais dis, mais qu'est-ce que c'est que ce temps ? »
- « C'est n'importe quoi, pour un mois de juillet ! »
- « Pire qu'en novembre, mon vieux. »
- « Quel été pourri. »
- « L'année prochaine, je vais te dire, je me casse au soleil : avec tous les *low cost* que tu trouves sur Internet, tu peux avoir un soleil garanti pour trois fois moins cher qu'à la mer du Nord. »

C'est le gros avantage des climats instables : on n'y souffre jamais de blancs dans les conversations. Et, comme chaque jour est un nouveau défi météorologique, ce sont toujours les mêmes mots qui y sont échangés, encore et encore, inlassablement. À la mer du Nord, par exemple, on passe sa journée à scruter le ciel, le nez légèrement retroussé. Quel que soit le temps. Comme en Normandie, mais en pire : soit il pleut, soit il va pleuvoir. La préoccupation y est permanente. À l'instar d'un dictionnaire des idées reçues, chaque nuance de temps bénéficie de son petit commentaire personnalisé. Il faut voir, tout d'abord, chaque matin, les visages crispés par l'angoisse des vacanciers qui ouvrent les rideaux de leur chambrée : quel temps fait-il aujourd'hui ? Beau, mauvais ? Entre deux ? Bon Dieu, quel suspense !

Chose amusante : le Belge est à la fois optimiste et pessimiste en matière météorologique. Optimiste quand il fait mauvais, pessimiste quand il fait beau. Quand il fait mauvais : « Ça ne peut que s'améliorer. » Quand il fait beau : « Profitons-en ; ça ne dure jamais. » C'est ainsi qu'en Belgique on organise des barbecues dès qu'il ne gèle plus, les terrasses sont ouvertes à partir de 12 °C, et on branche la climatisation des restaurants dès qu'il fait plus de 16 °C.

De tout cela, retenons une évidence toute simple : on ne peut jamais tabler sur le temps, en Belgique. Je profite donc du présent ouvrage pour lancer une adresse solennelle aux futurs mariés qui souhaitent organiser leurs noces en été « pour profiter du jardin vu qu'il fera beau » : je vous en conjure, ne faites pas cela ! Cassez le cycle infernal de cette malédiction séculaire ! Cessez d'espérer du soleil pour le jour de vos noces, alors qu'il y a 75 % de chances qu'il fasse dégueu ! À tout le moins, prévoyez des tentes, ou une position de repli, si vous ne voulez pas que vos invités trempent leurs beaux souliers vernis dans une gadoue infâme, et que les jolies permanentes de ces dames ne soient souillées par un crachin gelé, voire une solide drache[1]. Vous pourrez, certes, toujours compter sur l'optimiste de service qui, pour vous remonter le moral, vous répétera que ce n'est qu'une « ondée passagère » et que « ça va passer » ; reste que vous ne pourrez vous en prendre qu'à vous-mêmes : vous vous serez jetés tout seuls dans la gueule du loup. Vous voilà prévenus.

Quelques conseils ultimes

S'il fait beau, dites aux mariés : « Mais c'est magnifique ! Quelle chance vous avez ! Cela n'augure que du beau pour votre vie à deux ! Et pour les photos ! Quelle merveille ! »

S'il fait mauvais, dites aux mariés : « Il fait mauvais, vous trouvez ? Non, je ne trouve pas. Ce n'est pas si épouvantable que ça. De toute façon, tu sais ce qu'on dit : "Mariage pluvieux, mariage heureux !" Et puis, le vrai soleil est dans les cœurs, n'est-ce pas ? »

Et s'il fait moyen, dites aux mariés : « Quelle chance vous avez ! Quand tu vois le temps qu'il a fait hier ! Vous l'avez échappé belle ! Et pour demain ils ont aussi prévu du mauvais temps, donc vous avez vraiment une chance énorme. »

L'immobilier, ensuite. On dit souvent que le Belge a « une brique dans le ventre ». Ce n'est pas faux : rares sont les dîners, en Belgique, où la conversation ne débouche pas, *in fine*, sur le prix de l'immobilier. Et là, mes aïeux, quel calvaire ! Se loger fait partie des impératifs de l'espèce humaine, nous sommes

1. Drache : averse. Plus plaisamment, s'utilise aussi au bistrot : « Patron, une drache ! » signifie que l'on souhaite une bière pression.

d'accord. Mais la Belgique est sans doute un des seuls pays du monde où ce sujet constitue une telle obsession.

– Tu vois, mon voisin, fieu[1] : il a acheté sa maison pour une bouchée de pain il y a huit ans. Eh bien, tu me crois si tu veux, mais trois ans plus tard, il l'a revendue au triple de son prix.

Un florilège sans fin :

– C'est vrai que c'est cher, mais ce n'est rien à côté de Paris ou de Londres…

– Dans la région de Charleroi[2], tu trouves encore de belles maisons avec jardin pour moins de 50 000 euros.

– Allez ? Pas moins de 50 000 euros, quand même ? Tu exagères !

– Je n'exagère pas du tout, va voir sur Immoweb[3] !

– Cela dit, tu as d'autres quartiers qui atteignent des prix fous. Fous, fous, fous ! C'est en grande partie à cause des eurocrates, tu comprends : ils n'ont aucun problème d'argent, donc ils font monter les prix.

– Tu sais que dans ce quartier-là, il y a encore dix ans tu pouvais avoir une jolie maison à un prix très raisonnable. Mais maintenant, c'est de la folie ! Pour 100 000 euros, tu ne trouves même plus une cabane !

«*Ah, les Belges, on adore tellement discuter avec vous.*» Vous n'êtes pas difficiles !

1. Fieu signifie «mon gars», «mon vieux».
2. Charleroi, ville wallonne de 200 000 habitants.
3. Immoweb est le principal site immobilier de Belgique.

QUIZZ

Arrivés au bout de ce deuxième chapitre, vérifions à présent si vous en avez bien intégré toutes les données.

Êtes-vous en mesure de répondre aux 10 questions suivantes ?

1° Comment s'appelle le quartier de Bruxelles où le pasteur Pandy s'est livré à ses horribles forfaits ?
a/ le Val-Joli.
b/ le Chaudron-du-Diable.

Pour trouver la bonne réponse, allez chercher dans les pages précédentes. (Parce que je n'ai pas envie de me répéter.)

2° Comment est mort le ministre d'État André Cools ?
a/ assassiné sur un parking.
b/ étouffé par un peanuts au paprika.

Et, sous-question : laquelle des deux options est la plus prestigieuse ?

La bonne réponse est a.

3° Qu'est-ce qui n'a pas été inventé en Belgique ?
a/ la glace moka.
b/ l'anhydrure de polyoxybenzylméthylèneglycol.

La bonne réponse est la réponse a. *(C'est la glace vanille – et non la glace moka – qui fut inventée en Belgique.)*

4° Combien de réunions internationales se tiennent par jour à Bruxelles ?

Le lecteur notera ici l'astuce de la question, car dans le corps du texte, c'était le nombre de réunions par an *qui était mentionné. Un bref calcul s'imposera donc !*

a/ 163.
b/ 164.

Les deux réponses sont valables, car il y a 60000 réunions internationales par an à Bruxelles. Il a donc fallu diviser 60000 par 365 pour obtenir le nombre de réunions par jour, ce qui nous donne un résultat de 164. Mais (et c'est ici que la rigueur s'impose) il a également fallu tenir compte des années bissextiles, et du coup diviser 60000 par 366, ce qui nous donnait un résultat de 163.

5° Selon Charles Baudelaire, la viande belge est-elle mauvaise ?

a/ oui.
b/ non : elle n'est pas mauvaise par elle-même, mais elle devient mauvaise par la manière dont elle est cuite.

Pour le coup, les deux réponses sont aussi valables, car Baudelaire a écrit en toutes lettres que la viande belge n'était mauvaise que par la manière dont elle était cuite, mais il écrivait aussi une ligne plus haut qu'en Belgique « tout est mauvais, excepté le vin ». Ce qui inclut donc la viande !

Étant donné l'ambivalence de cette réponse, la question suivante sera plus tranchée.

6° Selon Charles Baudelaire, la Belgique est-elle un bâton merdeux ?

a/ oui.

b/ non.

Un grand bravo aux lecteurs qui sont parvenus à se tromper !

7° Quelle est l'étrange chose que les Belges se plaignent sans cesse de ne pas avoir ? Et dont ils se plaignent une fois qu'ils en ont un nouveau ?

a/ un gouvernement.

b/ un gouvernement.

Devinez quoi : les deux réponses sont valables !

8° Quelle fut l'erreur fatale de l'inventeur belge de la passoire pour légumes ?

a/ il oublia de déposer le brevet.

b/ il oublia d'acheter des légumes le jour de la présentation de son invention.

La bonne réponse est a.

9° Qu'est-ce que la Belgique a dépénalisé en 2002 ?

a/ l'euthanasie.

b/ les salsifis.

10° Qu'est-ce que la Belgique a légalisé en 2003 ?

a/ le mariage gay.

b/ les salsifis.

RÉSULTATS DU QUIZZ

Si vous avez pu répondre à plus de 8 questions sur 10, vous venez de passer avec succès la deuxième étape pour devenir belge. Bravo !

Si vous n'avez pas pu répondre à plus de 8 questions sur 10 : venez chez moi, je vous rembourserai le bouquin. (Je ne suis en effet plus en mesure de tenir l'engagement de mon titre. Vous ne deviendrez jamais belge, ou – selon le cas – vous risquez la déchéance de nationalité.)

Leçon n° 3 :

HABITUEZ-VOUS À L'IDÉE QUE LE PASSÉ DE VOTRE (NOUVEAU) PAYS N'A RIEN DE TRÈS GLORIEUX

L'ORIGINE DE LA MONARCHIE BELGE.

OÙ L'ON APPREND À DEVENIR INCOLLABLE SUR L'ORIGINE DE LA BELGIQUE, MÊME SI ÇA NE PRÉSENTE PAS DE GRANDE UTILITÉ

Après ces quelques considérations, il est temps de remonter à la source des sources.

Aux origines de la Belgique.

Je préfère vous prévenir tout de suite : l'Histoire belge n'est pas hyper glamour.

Tout d'abord, il n'y a pas vraiment de mythe fondateur. Peu de grandes batailles, de luttes glorieuses, d'épopées lyriques, de peuples en armes, mais plutôt une succession d'avanies et de vexations. Non seulement des vagues d'occupation en pagaille, l'espagnole, l'autrichienne, la bourguignonne, la française, la hollandaise[1], mais en plus,

1. Pour les plus motivés, je fais au plus bref : en 1792, les Pays-Bas autrichiens et la principauté de Liège sont envahis par les troupes révolutionnaires françaises. Les territoires annexés sont soumis aux mêmes lois et institutions républicaines qu'en France. Lorsque Napoléon s'empare du pouvoir, la Belgique est donc assez logiquement intégrée dans l'Empire français. En Flandre, l'usage de la langue néerlandaise est réprimé, et les publications dans cette langue sont interdites. En 1815, la défaite de Napoléon à Waterloo met fin au régime français. Les alliés décident alors, lors du Congrès de Vienne, de créer un État tampon au nord de la France : les Pays-Bas du nord et du sud, ainsi que

le pire du pire : quand enfin les Belges ont obtenu leur indépendance, tout le monde s'est foutu d'eux en disant que ça ne marcherait jamais !

Et puis, la Belgique n'a pas vraiment eu un combattant héroïque, genre notre Clovis à nous[1], un type un peu classe, qui en aurait imposé, et qui il y a plus de mille ans se serait un peu démené pour bâtir un semblant de Belgique. Bon, d'accord, il se serait peut-être fatigué pour rien quand on voit où en est le pays aujourd'hui ; on imagine mal un pauvre seigneur médiéval hurler sur son champ de bataille : « Vive la région de Bruxelles-Capitale libre ! Vive les communes à facilités[2] ! » N'empêche, ça n'aurait pas manqué de panache.

---

la principauté de Liège, sont réunis en un seul État, le Royaume-Uni des Pays-Bas. Guillaume Ier d'Orange en devient le souverain. C'est un roi autoritaire, protestant, qui veut imposer le néerlandais comme langue officielle sur tout le territoire. Ce qui pousse (je résume) la bourgeoisie, le clergé et les francophones à se soulever contre lui. Les Pays-Bas du sud font donc sécession, ce qui débouche sur la création d'un État belge indépendant. État qui devient francophone. Je ne pourrais pas faire plus résumé !

1. Les puristes ne manqueront pas de faire remarquer que Clovis est précisément né sur l'actuel territoire de la Belgique, dans la région de Tournai, et qu'à l'origine il régnait sur la Belgique seconde, qui s'étendait de la mer du Nord à l'Escaut en passant par le Cambrésis… mais, ce faisant, ils ne feront que confirmer mon propos : les Belges ne savent pas se vendre, puisqu'ils n'en parlent jamais !

2. Patience, patience : dans quelques pages, je vous expliquerai ce qu'est la région de Bruxelles-Capitale, et ce que sont les communes à facilités (deux institutions belges, dans tous les sens du terme).

« À BAS LE ROI DE HOLLANDE ! »

Peut-on alors compter sur l'indépendance nationale pour enthousiasmer les foules ? Pensez-vous ! Notre indépendance n'est pas très sexy non plus. Je vous l'explique en deux mots. Le 25 août 1830, au théâtre de la Monnaie à Bruxelles, eut lieu la représentation de *La Muette de Portici*, un opéra exaltant la révolte du peuple napolitain contre l'Espagne au XVIIe siècle. Les paroles lyriques de l'opéra (« Va dire aux étrangers que tu nommes tes maîtres / Que nous foulons aux pieds leur pouvoir inhumain / Tu crois parler à des esclaves / Et nous avons brisé nos fers[1] ») enflamment le public, qui se lève aux cris de « Aux armes ! Aux armes ! » (sans doute la seule formule un peu historique du jour – ils ne se sont pas foulés), et sort dans les rues s'en prendre aux symboles du pouvoir hollandais. Voilà. C'est à peu près tout ce qu'on sait. À quoi ça tient : le même jour, l'opéra aurait été fermé pour cause de grippe, la Révolution belge n'aurait peut-être jamais eu lieu. Bon, d'accord, on peut dire ça pour tout, mais enfin il n'y a dans cette histoire aucun symbole particulier, aucune forteresse assiégée, aucun discours enflammé, aucun roi guillotiné. Aucune image frappante, quoi[2].

---

1. La suite est du même tonneau : « Mieux vaut mourir que rester misérable ! / Pour un esclave est-il quelque danger ? / Tombe le joug qui nous accable / Et sous nos coups périsse l'étranger ! / Amour sacré de la patrie / Rends nous l'audace et la fierté / À mon pays je dois la vie / Il me devra sa liberté / (...) Non, plus d'oppresseurs, plus d'esclaves / Combattons pour briser nos fers / (...) Courons à la vengeance ! / Des armes, des flambeaux ! / Et que notre vaillance / Mette un terme à nos maux ».

2. Attention : il y a eu des morts et des héros, mais disons qu'ils n'ont pas été glorifiés comme ils auraient pu l'être dans d'autres pays.

Il faut dire que ce n'est pas du jeu ; les révolutionnaires français, eux, avaient la chance d'avoir un très beau symbole : la Bastille, une grande forteresse imprenable, avec de la poudre à canon dedans, et surtout des canons visant le peuple, le *top* des symboles humiliants, qui donnerait envie de prendre les armes au plus engoncé des bourgeois : le paradis pour des révolutionnaires ! Tandis qu'à Bruxelles… On imagine le cœur serré les malheureux rebelles ne sachant où aller, criant vaguement « À bas le roi de Hollande ! », à la limite déchirant l'un ou l'autre drapeau pour la forme, mais qui, après avoir écumé deux ou trois rues, sentant leur enthousiasme décliner, peut-être avoir froid, ou faim, se regarder et se dire : « Bon, les gars, euh… On se retrouve demain, ou quoi ? Quelle heure ? 11 heures ? C'est trop tôt ? On dit midi, alors ? Et on bouffe tous ensemble ? OK. Quelqu'un a une idée de resto ? Et quel est le programme, au fond ? On la continue, cette révolution ? Et quoi ? On reprend nos chants là où on les avait laissés ? Mais on va où ? Et qu'est-ce qu'on fait ? »

« Le Belge sortant du tombeau »

Enfin donc, voilà. Rien de très exaltant. (Je me répète.) Pas de Robespierre, pas de Danton, pas d'invocation de l'égalité entre les hommes, ou de promesses d'une ère nouvelle. Alors qu'il aurait suffi qu'on se fatigue dix minutes à pondre un récit un peu enthousiasmant ! Même en enjolivant ou en inventant des détails, au besoin ! Mais non. Personne ne s'y est collé. Résultat des courses : de quoi se souvient-on aujourd'hui ? D'un côté, d'un peuple en armes en butte à la tyrannie ; de l'autre, de quelques types énervés et suants quittant prestement un spectacle pour aller un peu prendre l'air. Alors que lors de la prise de la Bastille, le 14 juillet

1789, il n'y avait qu'un petit millier d'émeutiers. Donc, pas plus de monde que le public du théâtre de la Monnaie !

Il y a bien eu quelques tentatives d'emballage, mais qui n'ont pas véritablement fait mouche[1]. Un libelle de 1830, par exemple, disait : « L'Espagne nous a exploités avec fanatisme et cruauté, l'Autriche avec indifférence et une douceur intéressée, l'Empire français avec dédain, la Hollande avec ladrerie et stupidité. Mais à présent nous brisons nos chaînes. » *La Brabançonne* ne dit rien d'autre, d'ailleurs : « Après des siècles d'esclavage / Le Belge sortant du tombeau / A reconquis par son courage / Son nom, ses droits et son drapeau. » Mais bon, aujourd'hui ça ne prend plus tellement. *Le Belge sortant du tombeau ?* Quoi, comme un zombie ?

Sinon, une anecdote pas mal : ce même opéra n'a plus été joué en Belgique depuis 1930, de peur de... « heurter certaines sensibilités » ! En 2011, le directeur de la Monnaie avait bien songé à le programmer, mais il dut renoncer pour ne pas froisser les communautés, car montrer *La Muette de Portici* aurait pu apparaître comme un acte engagé de néo-unitarisme. La Belgique, le seul pays au monde qui n'ose pas célébrer sa propre origine !

DES ROIS FORT SYMPATHIQUES ?

Alors, que nous reste-t-il ? Quel est notre ferment national ? Mais voyons... les rois, bien sûr ! La monarchie !

1. Il faut citer notamment *L'Histoire de Belgique* d'Henri Pirenne (1862-1935), composée de sept volumes sortis entre 1900 et 1932, qui fait remonter la Belgique à la fin du Moyen Âge.

La dynastie belge ! Mais oui ! Ça c'est chouette ! Suffit de voir comment ce concept cartonne en Grande-Bretagne !

Heureusement qu'ils sont là, les rois, car ils nous donnent un sentiment de stabilité. La preuve, c'est qu'en général les Belges connaissent leurs noms, et sont même capables de les réciter dans leur ordre exact de succession. Faut dire qu'il n'y en a pas eu beaucoup.

Le premier, c'est Léopold Ier ; le deuxième, c'est Léopold II (le fils du premier) ; le troisième, c'est Albert Ier (le neveu du deuxième) ; le quatrième, c'est Léopold III (le fils du troisième) ; le cinquième, c'est Baudouin Ier (le premier fils du quatrième) ; le sixième, c'est Albert II (le second fils du quatrième, donc le frère du cinquième) et le successeur d'Albert II, c'est son fils Philippe. Comme on le voit, ce n'est pas bien compliqué : on est loin de l'interminable dynastie française, à coups de Charles II le Chauve (843-877), Louis II le Bègue (877-879), Charles le Gros (884-887) et autres Raoul (923-936) ! Nos rois à nous, on les connaît tous bien. On connaît même quasi leur tête à tous ; ils font partie des meubles. Ils sont un peu de la famille, on les retrouve sur des boîtes à biscuits, sur des tasses un peu kitsch, c'est chouette.

Allez, je vous les présente un par un.

• Léopold Ier, le roi qui se demandait où il avait atterri

Le premier roi, Léopold Ier (vu qu'il se prénommait Léopold et que c'était le premier roi, ça a donné l'idée de l'appeler Léopold Ier) était un prince allemand de religion protestante, qu'on est allé chercher parce qu'on avait besoin d'un nouveau roi, et qu'on n'avait personne d'autre sous la main… Et après ça, on s'étonne que le Belge ne la ramène pas ! Car, pour autant que je sache, par tradition, une famille royale s'impose parce qu'un lointain aïeul a vaincu militairement, puis qu'il s'est installé sur un trône créé par lui-même, que ses descendants ont prospéré, ont su se défendre face aux divers assauts hostiles, et ainsi de suite, jusqu'à ce que, par le jeu des alliances et des successions, une autre dynastie s'impose. En Belgique, rien de tel.

– Dites, les gars, on a besoin d'un nouveau roi assez rapidement. Vous n'auriez personne à nous conseiller ?

– Si, si, je connais un p'tit gars très bien ! Si tu veux, je le contacte.

Et voilà comment a déboulé Léopold Ier. Le type correspondait au profil. Il a donc été élu par le Congrès national, en 1830. Eh oui, en Belgique, le roi a été élu.

En y réfléchissant, c'est un peu la honte. À plus d'un titre. Tout d'abord, Léopold Ier avait refusé la couronne de Grèce quelques mois plus tôt. Bon, d'accord, on peut voir ça positivement, se dire que s'il a refusé la Grèce et accepté la Belgique, c'est que la Belgique lui semblait plus sympa. Mais vous savez pourquoi il a accepté la Belgique ? Parce que c'était moins excentré que la Grèce ! Super fierté pour notre grande nation : ça en dit long sur l'état d'esprit grandiose qui a toujours présidé à ses destinées ! Le premier roi nous a choisis parce qu'on était mieux situés, plus près de sa Bavière natale. On imagine les discussions avec son staff : « Bon, les gars, on nous propose la Grèce. Fait trop chaud, là-bas non ? Qu'est-ce que vous en dites ? On ne serait pas mieux en Belgique ? Il fait moins chaud en été, et puis là-bas on a les Ardennes, la mer, la bière, tout ça. Bon. Je pense qu'on va être mieux. Je vais accepter. »

Et puis, autre facteur de honte pour la Belgique : le trône avait été refusé, précédemment, par un Français, le duc de Nemours ! Ce dernier avait de bonnes explications, il faut dire ; notamment le désir de ne pas créer de tension diplomatique (le souvenir de la défaite de Waterloo était encore douloureux). N'empêche, ce n'est pas glorieux : d'habitude les gens se tapent dessus pour devenir rois, or là on propose le job à un pâle type… et il refuse ! Encore un peu, et il allait falloir passer une petite annonce. « Pays ch. roi. Bonne tenue exigée. Envoyer C.V. avec photo d'identité et enveloppe prétimbrée pour la réponse. »

En plus, devinez comment le roi Léopold Ier a appris qu'il allait devenir roi des Belges ? Par courrier, justement ! Si, si ! Superbe, non ? Imaginerait-on ce qui se serait passé si la poste avait été défaillante ? « Ah bon, ben les gars, on n'a plus eu de nouvelles de Léopold. Peut-être qu'il n'était plus intéressé. M'enfin quand même, il aurait pu nous prévenir ; ça aurait été la moindre des politesses. » Et Léopold, de son côté : « Ah ben flûte, je n'ai pas de nouvelles du Congrès national de Belgique… Dommage, j'étais persuadé de leur avoir fait bonne impression. Ils auraient quand même pu m'envoyer une petite lettre de sympathie. Et une ou deux bouteilles de Kriek lambic pour la forme. Mais bon allez, je vais postuler ailleurs. »

Si le lecteur peut signaler à l'auteur un seul pays dont le roi ait appris par courrier qu'il allait devenir roi, qu'il n'hésite pas !

Et puis, pire encore : notre bon roi Léopold n'y croyait pas lui-même, à la Belgique ; lors de son serment constitutionnel le 21 juillet 1831 (d'où la fête nationale à cette date), il pensait, comme tous les diplomates de l'époque, que ce pays était une notion complètement artificielle qui ne durerait pas. Quant à savoir pourquoi il a accepté le boulot, disons que ce ne fut pas le premier, ni le dernier à avoir pris un job auquel il ne croyait pas. Il se disait peut-être : « Bon allez, je n'ai rien de spécial en ce moment, on me propose ce truc, c'est bien logé, il y a de bonnes conditions, alors tentons le coup. » En plus, le temps ne changea rien à l'opinion de Léopold Ier : quasi trente ans après sa prestation de serment, il écrivait à son chef de cabinet Jules Van Praet : « La Belgique n'a pas de nationalité et, vu le caractère de ses habitants, ne pourra jamais en avoir. En fait, la Belgique n'a aucune raison politique d'exister. » Sapristi, on ne peut vraiment compter sur personne ! Il écrivit même à son fils Philippe, comte de Flandre, que rien ne soudait le pays, et que celui-ci ne saurait durer. Songez ce que ce genre de sortie peut créer dans une psychologie collective ! Un peu comme si Jésus-Christ avait dit sur la croix : « Le christianisme, ça ne marchera jamais. »

Encore plus triste : Léopold s'est quand même dit qu'il devait faire un effort de marketing. Et il commanda donc une vaste Histoire de la Belgique à un collectif d'historiens. Vexation ultime : le premier tirage de l'ouvrage (500 exemplaires !), avec 430 souscriptions, ne parvint même pas à couvrir les frais. Léopold dut y aller de sa poche. Et l'opération se solda finalement par un bénéfice de... 10 francs belges. Il n'y a pas de petit profit.

Ce ne fut pas la seule avanie à laquelle il fut confronté, le pauvre : à peine dix jours après qu'il a débarqué sur le sol belge, voilà que paf, les Hollandais envahissent le pays. *Tout à trac*. On peut dire que ça commençait bien : vous retrouver à vous démener pour préserver l'intégrité d'un territoire sur lequel vous n'aviez pas mis les pieds quinze jours plus tôt, ça doit quand même faire bizarre. En bon professionnel qui s'était battu contre Napoléon (quand même), il l'a fait. Mais il ne s'en serait pas sorti tout seul :

il a dû faire appel à ses alliés français et anglais, qui lui ont prêté main-forte de bonne grâce (il faut dire que les traités internationaux les y forçaient), or ce n'est pas pour médire, mais même s'il n'avait pas vraiment le choix, et même si j'aurais sans doute fait pareil que lui, c'est quand même un peu la honte.

Ajoutez à cela les vexations diverses, comme Talleyrand qui écrivait que Léopold Ier était « un pauvre sire, dépourvu des capacités nécessaires à un souverain », et dont le nouveau peuple était un « tas de vagabonds couards indignes d'être indépendants ». Sympa.

Clou de son cercueil : ça n'allait pas super bien avec sa femme, Louise-Marie d'Orléans, qui n'avait aucune envie de venir s'enterrer en Belgique. Elle écrivait des lettres désespérées à sa famille restée en France. Mais pas d'un désespoir lyrique et plein de panache, non non, d'un désespoir brut. Parmi ses phrases les plus célèbres : « Le roi, son chien et moi habitons seuls au palais. »

La mauvaise volonté de la reine avait même fini par agacer Léopold Ier, à tel point qu'elle s'était sentie obligée de lui écrire une lettre dans laquelle elle s'exprimait à cœur ouvert : « Je ne dénigre jamais ni les Belges ni la Belgique. Je ne me moque jamais d'eux, publiquement du moins. S'ils n'étaient pas si susceptibles et si vaniteux, je les aimerais vraiment beaucoup, car ce sont de très bonnes gens. J'aurais beau leur dire à la journée que Bruxelles est une ville cent fois plus brillante, plus gaie que Paris, que j'aime mieux la Belgique que la France, que toutes les femmes ici sont jolies, que les dents y sont superbes, que les discussions des Chambres sont intéressantes et plus sensées que celles des Chambres françaises, ils ne me croiraient pas et ils me sauraient même plus mauvais gré de mon manque de franchise que de mon silence. » Ah ben zut alors. Voilà notre premier couple de souverains : lui qui n'y croit pas, et elle qui s'ennuie comme un rat.

Put-on compter sur les rois suivants pour y croire un peu et s'enthousiasmer pour le royaume ? A priori oui : Léopold II et Albert Ier se sont pas mal démenés.

Mais avant de les évoquer, un document historique inédit.

Document historique inédit

Le 17 juillet 1831, le futur Léopold Ier débarque pour la première fois en Belgique, à La Panne. Arrivé à Bruxelles le 19 juillet 1931, il est aussitôt reçu par le régent Surlet de Chokier.

Surlet de Chokier :

– Bienvenue en Belgique, Sire.

Léopold :

– Merci, dites.

Surlet de Chokier :

– Vous avez fait bon voyage ?

Léopold :

– Mouvementé : j'ai failli paumer mes bagages, mais finalement on me les a retrouvés.

Surlet de Chokier :

– Allez ouf ! Euh... Je vous amène tout de suite à votre palais, ou vous préférez d'abord un peu visiter le quartier ?

Léopold :

– Tout de suite au palais, si vous voulez bien, parce que j'ai vraiment envie de me prendre une bonne douche.

Surlet de Chokier :

– Pas de souci, on fait ça ! Vous allez voir, il est ultra bien situé, avec tous les commerces à proximité. En plus, il y a eu des travaux récemment, donc tout est nickel.

.../...

.../...

Léopold :

– Cool.

Note de l'auteur – Heureusement que les corps constitués avaient justement un palais disponible à ce moment-là, car sinon où aurait-on logé Léopold Ier ? « Ouch, tchosse, mais où est-ce qu'on va le faire dormir ? Mh... on va bien finir par trouver, hein. En attendant, personne ne peut le prendre chez lui ? À la limite, il pourrait partager la salle de bains ? »

- **Léopold II, le roi doté d'une superbe barbe**

On a dit de Léopold II qu'il était un « roi trop grand pour un trop petit pays » (formule assez vexante pour la Belgique, au fond, qui ne mériterait donc pas un grand roi ; décidément, les causes de vexations s'accumulent). On a aussi surnommé Léopold II le « roi bâtisseur », ce qui pour un Belge n'est pas très surprenant : le Belge a une brique dans le ventre, il aime bien lancer des chantiers, installer des Velux, repeindre ses radiateurs, refaire sa cage d'escalier, coller du tapis plain et installer un feu ouvert[1] ; Léopold II n'a rien fait d'autre, sinon qu'il avait un plus gros budget. Là où le citoyen lambda se fera construire une véranda, lui se faisait construire des arcades, et basta.

Et puis bon, il était généreux : songez qu'il a fait cadeau du Congo à la Belgique. Le Congo, qu'il avait acquis à titre personnel (on imagine la passation de l'acte chez le notaire !) ; le Congo, en plus, où il n'avait jamais fichu les pieds. Cadeau, donc. Hélas, tout gros bémol : l'épisode

1. En Belgique on ne dit pas moquette, mais tapis plain ; ni cheminée, mais feu ouvert.

congolais fut terni par quantité de révélations sur l'épouvantable pratique des « mains coupées[1] », qui fit dire à des parlementaires britanniques que « nulle part au cours des temps modernes on n'avait connu des horreurs comparables », et fit dénoncer par maints historiens ce « génocide oublié ». Mais le Belge est bonne pâte, il ne lui en tient pas rigueur. La preuve : il continue d'acheter des boîtes de biscuits à l'effigie de Léopold II et à admirer sa superbe barbe, qui fait passer celle de Billy Gibbons (ZZ Top) pour un bouc incertain.

Document historique inédit

La scène se passe au château de Laeken, le 7 avril 1902 ; l'aide de camp du souverain l'interpelle.

L'aide de camp :

– Dites, Sire, depuis le temps, vous ne feriez pas une fois un petit voyage au Congo, histoire de voir à quoi ça ressemble ? C'est votre propriété personnelle, quand même !

Léopold II :

– Pfff... Pas envie, fieu. Fait crevant de chaud, là-bas.

---

1. De quoi s'agissait-il ? Du fait que pour justifier les cartouches manquantes à leurs fusils au retour des expéditions, les soldats devaient ramener la main de ceux qu'ils avaient abattus. Mais Léopold II avait ses défenseurs, qui expliquaient que, lors des guerres tribales, il était de coutume de rapporter au chef une main coupée de chaque tué. Que les photos ne montraient rien d'autre. Et que cette légende des Blancs coupant la main des Noirs était une supercherie britannique vouée à discréditer Léopold II, pour tenter d'exercer une plus grande influence dans la région. Et enfin que, si des millions de locaux sont effectivement morts, c'était surtout du fait des maladies importées par les Belges, les Congolais manquant des anticorps nécessaires pour leur résister.

• Albert Ier, le roi chevalier

Et Albert Ier, au fond ? Il était bien, lui ! D'abord, il a fait quelques petits gestes qui ont laissé une bonne impression. Par exemple, il a modifié son nom d'origine allemande lors de la Première Guerre mondiale. Pas mal ! En même temps, ça n'a pas dû être chinois : m'est avis qu'il n'a pas été obligé de faire la file à l'administration, en plus ce n'est pas pour dire, mais il ne s'est pas vraiment foulé dans le choix de son nouveau nom : il s'appelait « de Saxe-Cobourg-Gotha », et il a opté pour « de Belgique ». Bravo pour la créativité.

Quoi d'autre ? Il fut le premier souverain à prêter serment à la fois en français et en néerlandais. C'est bien, ça aussi, mais bon, même si vous allez me dire que je cherche la petite bête, le fait est que ça a dû lui prendre quinze secondes : « Tiens, au fond, je vais une fois traduire mon speech, ça va faire plaisir », et voilà, emballé, c'était pesé.

C'est surtout la Première Guerre mondiale qui fit sa gloire[1] : dès que les Allemands envahirent le territoire en 1914, il resta avec les soldats, dans les tranchées, toujours bien droit sur son cheval, ce qui lui a valu d'ailleurs le bête surnom de « Roi chevalier ». Bravo pour le surnom : le gars

1. Le 2 août 1914, l'Allemagne lance un ultimatum à la Belgique : l'empereur allemand Guillaume II réclame le libre passage de ses troupes, faute de quoi la Belgique sera considérée comme ennemie. Qu'à cela ne tienne : devant le Conseil des ministres, le roi déclare que l'ultimatum est inacceptable, et qu'il faut se défendre ! Si bien que dès l'invasion du territoire, après son discours devant les Chambres, le roi rejoint immédiatement le grand quartier général et prend le commandement effectif de l'armée. Et, comble de la classe : il refuse de suivre le gouvernement belge en exil, il reste auprès de ses troupes pour combattre l'ennemi !

est roi, il est à cheval, alors comment on l'appelle ? Le roi chevalier ! On aurait pu faire mieux, au fond. Pourquoi pas « roi à lunettes », puisqu'il portait des lunettes ? Ou roi en uniforme ? Roi avec des cheveux ? Ce sobriquet a d'autant moins de sens qu'il existe de mauvais chevaliers, et que « Roi chevalier » n'est donc pas nécessairement un compliment, mais j'arrête là mes ratiocinations. En plus, qu'est-ce qu'il foutait à cheval dans les tranchées ? Sa tête devait dépasser, enfin !

Hélas, on ne peut même pas compter sur ce glorieux souverain pour nous attacher à ce pays, puisque même lui n'y croyait pas ! En 1912, Jules Destrée lui avait adressé une célèbre lettre, dans laquelle il expliquait en substance qu'il n'y avait pas de Belges, mais rien que des Wallons et des Flamands. Eh bien, que croit-on que le roi en pensa ? Nulle indignation ! Il écrivit même à son secrétaire particulier : « J'ai lu la lettre de Destrée qui, sans conteste, est un littérateur de grand talent. Tout ce qu'il dit est absolument vrai, mais il est non moins vrai que la séparation administrative serait un mal entraînant plus d'inconvénients et de dangers de tout genre que la situation actuelle. » Pauvre Belgique, qui ne peut même pas compter sur son roi héroïque pour dire du bien d'elle !

• Léopold III, le roi qui a foiré

Jusque-là, tout allait plutôt bien, mais le malheur voulut que vingt-cinq ans plus tard, au déclenchement de la Seconde Guerre mondiale, le fils d'Albert Ier tenta de faire comme son père en 1914 : Léopold III (le quatrième roi) est resté en Belgique en 1940, alors que le gouvernement belge partait en exil. Mais à lui, pas de chance, ça n'a pas vraiment réussi : au lendemain de la guerre, il s'en est pris, comme on dit, plein la tronche. Il faut dire que l'idée d'aller serrer la main à Hitler n'était pas le plus beau coup de com' qu'on eût pu réussir.

En plus, pour aggraver son cas, alors que le pays était en pleine guerre, que la Gestapo avait installé ses quartiers à Bruxelles et que les perspectives étaient des plus sombres, devinez ce qu'il a fait ? Il s'est marié ! Mais si ! Marié, en septembre 1941 ! Il fallait y penser. Vous voudriez vous griller encore plus, que vous n'y parviendriez pas. Mieux encore, par une espèce de génie de la maladresse, il est parvenu à aggraver son cas avec une constance qui défie l'entendement : il s'est marié religieusement avant de se marier civilement, et il s'est passé de l'aval du gouvernement… En plus, le meilleur pour la fin : à l'occasion de ces noces, Hitler lui fit envoyer des fleurs et un mot de félicitations !

Cela dit, le calvaire du roi ne faisait que commencer, car la Libération ne le tira pas d'embarras : une bonne partie des Belges lui tenait une rancune certaine pour ses agissements durant la guerre[1], à tel point que son frère cadet, Charles, fut appelé pour assurer la régence. La contrariété ultime ! Charles, qui avait toujours été anglophile. Pas de chance pour Léopold. Puis bon, cinq ans plus tard (je résume, je résume) fut instauré un référendum à propos du retour du roi ; les Flamands votèrent majoritairement pour, les Wallons majoritairement contre, ça n'a plus du tout été, alors Léopold III

1. Il fut libéré par l'armée américaine le 7 mai 1945 à Strobl, en Autriche, où les nazis l'avaient préalablement déplacé en compagnie de sa famille. Des pourparlers commencèrent alors entre lui et les ministres de retour de Londres, mais les tensions furent énormes, et ils ne parvinrent pas à trouver un accord. Léopold III, dans l'incapacité de récupérer tout de suite son trône, s'installa alors en Suisse, dans l'attente de jours meilleurs.

fut contraint d'abdiquer, et ce fut son fils aîné, Baudouin Ier, qui lui succéda dans une ambiance extrêmement tendue.

C'est triste, en fait : les rois n'y ont jamais vraiment cru, à ce pays, et quand ils ont commencé à y croire, tout est parti en sucette.

• Baudouin Ier, le roi qui n'a pas eu facile

Le pauvre roi Baudouin n'a pas eu de chance : il s'est pris la première réforme de l'État, la deuxième réforme de l'État, la troisième réforme de l'État et la quatrième réforme de l'État. Bon, dit comme ça, c'est assez peu intéressant, puisque je ne précise pas ce qu'impliquait chacune de ces réformes de l'État, en même temps je ne veux pas vous embêter avec ça ; disons, pour faire court, que chacune de ces réformes de l'État consacrait une étape supplémentaire dans le processus de « désunification » du pays[1].

• Albert II, le roi qui lui non plus, n'a pas eu facile

C'est Albert II qui se retrouve avec tout sur les bras : les crises gouvernementales, les tensions linguistiques… Et à partir de là, le job est devenu pourri. Avant, roi des Belges,

---

1. Allez, je fais vite (ne refermez pas le bouquin) : la première réforme de l'État, en 1970, consacra l'instauration de trois communautés culturelles ; lors de la deuxième, en 1980, ces communautés culturelles devinrent des communautés « tout court » ; la troisième, en 1988, rajouta la région bruxelloise ; avec la quatrième, en 1993, l'État belge devient fédéral, et les communautés et les régions acquièrent toutes leurs compétences. (Depuis lors, comme il serait dommage de s'arrêter là, dans la foulée furent instaurées la cinquième réforme de l'État en 2001, puis la sixième en 2012. On se chauffe déjà pour la septième !)

c'était plutôt relax ; vous aviez des soucis, quelques stress (on vient d'en énumérer de solides), mais grosso modo vous glandiez la plupart du temps dans les serres de Laeken, les gens venaient vous faire des courbettes, ils vous parlaient comme à quelqu'un de vraiment important, vous alliez d'un gala à un autre, et on vous fichait une paix royale (c'est le cas de le dire). Tandis que maintenant, quel est le quotidien du roi des Belges ? Voir défiler toute la journée dans son living, sur son canapé, des négociateurs suants, qui répètent en boucle qu'il faut se mettre d'accord pour trouver un accord, mais que si on n'est pas d'accord sur cet accord, alors ils ne sont pas d'accord.

On imagine le malheureux ne sachant comment les mettre dehors en fin d'après-midi, lorsqu'ils se tapent l'incruste chez lui, après avoir dévalisé sa réserve de spéculoos ; le voilà peut-être obligé de faire semblant d'aller dormir pour les forcer à s'en aller, pourquoi pas en être réduit à tout éteindre lorsqu'ils s'éloignent du Palais, histoire de brouiller les pistes, puis, quand ils sont au bout de la rue, à tout rallumer pour pouvoir enfin passer sa soirée tranquillement devant la télé.

En plus, tout le temps ce même cinéma, ça doit être insupportable : ces gens qui passent des mois à négocier, tout ça pour systématiquement finir par venir pleurer chez lui avec des poches sous les yeux, pour lui dire : « Sire, les négociations ont capoté. Je vous remets ma démission. » Certes, en général il refuse leur démission. Parce que ça lui permet de gagner un peu de temps. Mais, à la cinquième ou sixième fois, il faut bien finir par l'accepter, la démission, et une fois encore tout recommencer.

Vous allez voir, il va finir par nous faire un *burn out* ; je sens que lors d'un de ses prochains discours de Noël à la télévision, il va nous fondre une Durit : « Mes chers compatriotes, à présent, j'en ai marre ! Tout m'énerve. D'ailleurs, vous aussi vous m'énervez, mes chers compatriotes ! Vous m'exaspérez ! Et je vais vous dire : votre sort, et celui de vos proches, je m'en fous. Si vous saviez comme je m'en tape ! J'ai des ennuis par-dessus la tête, alors franchement, je vous le dis comme je le pense : maintenant, ça suffit. Je n'ai pas une seule pensée pour les plus démunis ; qu'ils se débrouillent. Je veux laisser tout le monde au bord de la route, parce que j'en ai assez de ce petit pays tout pourri ! Que les riches s'enrichissent encore, que les fossés se creusent entre les classes sociales, peu me chaut ! Que la famille ne soit plus du tout une valeur refuge, mais que la seule valeur refuge, ce soit le pognon ! Que l'enseignement soit réservé à quelques rares privilégiés, ou même au fond, que l'enseignement soit aboli ! Et voilà ! Et si les Flamands veulent leur indépendance, qu'ils la prennent et qu'ils cessent de nous gonfler ! »

Tout ceci pour dire qu'entre Léopold Ier qui répétait à l'envi que la Belgique était un pays artificiel, Léopold II qui déclara un jour : « petit pays, petit esprit », Albert Ier qui admettait volontiers que ce pays n'avait pas de sens, Léopold III qui en avait accumulé gros sur la patate lors de la question royale, il ne faut guère s'étonner que la mythologie nationale soit si peu vivace.

FAMILIARISONS-NOUS AVEC LA FAMILLE ROYALE

Tant que j'y suis, il faut quand même que je vous présente la famille royale telle que nous la connaissons aujourd'hui ; c'est la moindre des choses. Eux, au moins, on sait qu'ils sont là et bien là, qu'ils ne sont pas près de s'en aller, bref on peut compter sur eux. C'est donc un plaisir de les mentionner ici, avec la certitude que les données que je vais vous livrer ne seront pas désuètes dans deux ans (ce que je ne saurais jurer pour le reste de ce livre). Voici donc des prénoms et des dates. (À apprendre par cœur, s'il vous plaît, si vous voulez vraiment être belge.)

Albert et Paola ont eu trois enfants : Philippe, Astrid et Laurent.

Philippe et son épouse Mathilde ont deux filles, la princesse Elisabeth et la princesse Eléonore, et deux fils, le prince Gabriel et le prince Emmanuel.

La princesse Astrid et son mari, le prince Lorenz, ont cinq enfants : le prince Amedeo, la princesse Maria Laura, le prince Joachim, la princesse Luisa Maria et la princesse Laetitia Maria.

Le prince Laurent et son épouse, la princesse Claire, ont une fille, la princesse Louise, et deux fils, le prince Nicolas et le prince Aymeric.

En passant, un grand bravo aux psychologues qui ont rédigé les notices sur le site officiel de la monarchie belge : au chapitre *Membres de la famille royale*, il est indiqué : « La Constitution ne prévoit aucune tâche publique particulière pour la reine. » Bonjour la vexation. La précision était-elle nécessaire ?

Une question taboue en Belgique

Est-ce que le roi a une couronne ? Et, si oui, où est-elle ? C'est l'occasion ici de poser une question absolument taboue en Belgique : ne l'aurait-on pas égarée ?

La scène se passe à Laeken en 1897.

Léopold II :

– Tchos, chou, t'as mis où la couronne ?

Marie-Henriette[1] :

– Euh... mhhh... c'est pas toi qui l'as ?

QUE FAUT-IL RETENIR DE LA FAMILLE ROYALE ?

• 1. La famille royale belge est assez réduite

Léopold Ier est arrivé sur le trône il y a quand même un bon bout de temps, et assez curieusement les ramifications familiales sont peu nombreuses. Rien à voir avec la famille royale britannique, dont l'ordre de succession se compte en centaines de personnes. On ne s'en plaindra pas : avoir des centaines de prétendants au trône pour un si petit pays aurait eu quelque chose de ridicule. Et puis bon, ça nous évite d'avoir à essuyer l'humiliation d'un prétendant qui souhaiterait passer son tour : ici, les princes n'ont quasi pas le choix.

• 2. La famille royale est assez relax

En février 2013, par exemple, le prince Laurent est tombé à skis. Pas bien grave. Enfin, je veux dire : la chute

1. Deuxième reine des Belges ; femme de Léopold II.

n'était pas bien grave. Eh bien, cet épisode fut l'occasion de l'un de ces coups de com' foireux dont le Palais royal a le secret : quand les journalistes appelèrent le secrétariat du roi pour « venir aux nouvelles », il se trouve que le celui-ci n'était… pas au courant que le prince Laurent était aux sports d'hiver ! En soi, rien d'épouvantable (chacun est libre), mais enfin ça prouve, si besoin encore, à quel point la famille royale ne l'est point, royale, au niveau communication et relations publiques. Surtout si l'on sait que, dans la foulée, la princesse Claire déclara à la presse (je cite) : « Le roi était très fâché. » Une marque de spontanéité et de fraîcheur dans l'univers corseté des médias.

QUELQUES RECOMMANDATIONS CONCERNANT LA FAMILLE ROYALE

• À toute évocation du prince Laurent, qualifiez-le d'« enfant terrible de la monarchie ». C'est très important, retenez bien : « enfant terrible de la monarchie ». Ne dites rien d'autre ; à la limite, évoquez ses excès de vitesse dans le passé. Ce n'est pas captivant, mais bon c'est un passage obligé.

• Intervenez également dans la polémique sur la liste civile de la famille royale (qui est le budget que l'État met à la disposition du roi et des princes pour leur permettre d'exercer leurs fonctions). À cet égard, deux écoles : ceux qui ne voient pas pourquoi les citoyens devraient payer des impôts pour entretenir de riches châtelains, et ceux qui estiment que tant qu'à avoir une famille royale, on ne va quand même pas les laisser croupir sous les ponts. Dire, dans la foulée, que « c'est une goutte d'eau dans le budget de l'État, une tempête dans un verre d'eau, cette histoire de liste civile ».

• À propos du roi, toujours dire : « Le pauvre, je n'aimerais pas être à sa place. » En option : « Il fait son possible, mais ça ne doit pas être évident » (personnellement, je plains surtout le roi d'être autant plaint).

• Ne pas omettre d'omettre le prince régent Charles (qui assura, je vous le rappelle, la régence du royaume de 1944 à 1951), ou alors bien dire qu'il est « resté assez méconnu ». Ne surtout pas vous indigner qu'il ne se trouve sur aucune galerie de portraits, ni sur les boîtes à spéculoos, car personne ne le fait, vu que le Belge n'aime pas trop la polémique historique : « Le passé, c'est passé. »

• Convenir, toujours, que la monarchie belge coûte moins à l'État que la République française.

• Toujours bien préciser que la famille royale est le « ciment » de la Belgique. Espérons tout de même que ce ne soit pas le seul ciment, car il serait triste de ne compter que sur une famille d'une petite dizaine d'aristocrates pour unir tout un pays.

À savoir également (même si c'est triste)

Le Palais royal de Bruxelles arrive à la troisième place du concours du bâtiment le plus laid de Belgique, selon le site d'un sondage organisé par un entrepreneur en démolition[1].

Un jugement un peu cruel : ce Palais n'est pas si mal que ça. Certes, il fout un peu le cafard, mais ce n'est pas dû à son architecture : c'est surtout dû au fait que le roi n'habite pas dedans (il habite à Laeken), et qu'on a donc l'impression, en passant devant, qu'il est complètement vide.

On imagine de longs couloirs avec des grands portraits des rois sous plastique, et quelques divans revêtus de gigantesques draps pour qu'ils ne prennent pas la poussière.

Un service de nettoyage qui viendrait faire le gros entretien deux ou trois fois par an. Des portes qui grincent et du parquet qui craque. Enfin bon, j'exagère : il y a forcément présence humaine, puisque (attention, info) il y a quelqu'un qui monte et qui descend le drapeau belge sur le toit pour signaler si le roi est au pays ou pas (ça doit être dangereux, cela dit, comme job, surtout s'il n'y a personne d'autre dans le palais, car du coup s'il tombe son corps risque de ne pas être découvert tout de suite).

---

1. www.lebatimentleplusIaid.be (hélas, le site semble ne plus fonctionner).

QUIZZ

Arrivés au bout de ce troisième chapitre, vérifions à présent si vous en avez bien intégré toutes les données.

Êtes-vous en mesure de répondre aux 10 questions suivantes ?

1° Sachant que les 6 premiers rois des Belges ne comptabilisent que 3 prénoms en tout, et qu'en classant ces prénoms par ordre alphabétique le premier prénom fut porté 2 fois, le deuxième 1 fois, et le troisième 3 fois, que ces prénoms sont respectivement Léopold, Albert et Baudouin, est-il possible de reconstituer les 6 premiers noms des rois dans leur ordre de règne ?
(Comme vous le voyez, je fais ce que je peux pour trouver des chouettes questions.)

a/ peut-être, mais je n'ai pas envie parce que ça me donne mal à la tête.
b/ oui, absolument, et voici le résultat : Léopold Ier, Léopold II, Albert Ier, Léopold III, Baudouin Ier et Albert II.

(Notez bien qu'il y avait un tas d'autres combinaisons possibles, comme par exemple Albert Ier, Léopold Ier, Albert II, Léopold II, Baudouin Ier et Léopold III, mais ce n'est pas le cas, donc inutile de se creuser.)

2° Sachant que l'actuel territoire de la Belgique connut tour à tour des occupations bourguignonnes, espagnoles, autrichiennes, françaises, hollandaises, allemandes, ne trouvez-vous pas scandaleux que les Luxembourgeois ne s'y soient pas au moins essayé une fois ?

a/ oui, absolument scandaleux : c'est même assez vexant, et surtout le signe d'une certaine paresse.

b/ peut-être, mais il est inutile de se plaindre : on n'avait qu'à les envahir nous, après tout ! On n'est pas moins paresseux qu'eux ! C'est trop facile, de toujours accuser les autres…

Les deux réponses sont possibles.

3° Quelle était la religion du premier roi des Belges, Léopold Ier ?

a/ protestante.

b/ ismaélite (courant minoritaire de l'islam chiite).

La bonne réponse est la réponse a *(tiens donc).* C'*est l'occasion de nous rappeler au passage qu'une des revendications principales de la nouvelle Belgique était, précisément, de s'extraire du pouvoir protestant hollandais pour marquer son identité catholique. Et pour ce faire, quoi de plus logique que d'aller chercher un roi protestant ! (La Belgique démarrait sur de bonnes bases…)*

4° Pour quelle raison Léopold Ier avait-il refusé le trône de Grèce avant d'accepter celui de Belgique ?

a/ il préférait les frites à la feta.

b/ la Grèce était trop décentrée.

La bonne réponse est la réponse b. *(Cette excuse est cependant fort discutable, car tout dépend : décentrée par rapport à quoi ?)*

5° Comment Léopold Ier a-t-il appris qu'il avait été sélectionné officiellement pour devenir roi des Belges ?

a/ par courrier.

b/ par téléphone. (Sachant que le téléphone n'existait pas à l'époque.)

Je devrais apprendre à donner des indices plus nuancés.

6° Combien de temps après son arrivée en Belgique Léopold Ier dut-il faire face à une invasion hollandaise ?

a/ 10 jours.

b/ 5 jours.

La bonne réponse est a. *(On voit à la réponse* b *que ça aurait pu être pire !)*

Remarque d'importance : heureusement pour lui qu'il n'y avait pas de période d'essai pour son nouveau job.

7° Par quel attribut bien visible sur son visage Léopold II se caractérisa-t-il tout au long de son règne ?

a/ un piercing sur la langue.

b/ une longue barbe blanche.

Réponse : a. *Mais noooon, c'est une blague !*

8° Pourquoi surnomma-t-on Albert Ier le « roi chevalier » ?

a/ parce qu'il aimait bien les chevaux.

b/ parce que ça sonnait bien.

Réponse (il y a une attrape) : ni a *ni* b*, ou alors un peu des deux. En fait, divers témoignages font état des piètres qualités de cavalier du roi Albert. L'origine de ce surnom est assez singulière : en 1914, le* Daily Telegraph *londonien publia un livre à la gloire de la Belgique et de son souverain, dans le but de mobiliser la population anglaise contre* *l'empire allemand. Et c'est dans ce livre que fut utilisée la formule « roi chevalier ».*

9° Sachant qu'il est mort en 1983, Léopold III fut-il plus longtemps roi, ou ancien roi ?

a/ aucune idée.
b/ il faudrait faire le calcul.

Étant donné le manque d'intérêt criant de cette question, je préfère passer à la suivante (en précisant très vite qu'il fut plus longtemps ancien roi).

10° Quels sont les rois qui, d'après cet ouvrage, n'ont « pas eu facile » ?

a/ Baudouin Ier et Albert II.
b/ Albert II et Baudouin Ier.

RÉSULTATS DU QUIZZ

Si vous avez pu répondre à plus de 8 questions sur 10, vous venez de passer avec succès la troisième étape pour devenir belge. Congratulations. Vous êtes en bonne voie. Mais ne vous reposez surtout pas sur vos lauriers.

Leçon n° 4 :

MAÎTRISEZ UN TAS DE DÉTAILS UTILES

OÙ, GRÂCE À UNE SÉRIE DE FICHES PRATIQUES, L'ON S'INITIE À LA CHRONOLOGIE DU PAYS, À SES CHANTS ET SES CÉLÉBRATIONS DIVERSES

FICHE N° 1
PETITE CHRONOLOGIE DE L'HISTOIRE DE BELGIQUE

Pour donner un peu plus de rigueur à cet ouvrage, je vous propose dès à présent une petite chronologie de l'histoire de Belgique en 10 points. On reprend avant le 4 octobre 1830 (date officielle de l'indépendance belge).

• **1789** : Il n'y a pas que les Français qui ont eu une grande année ; le sud des anciens Pays-Bas espagnols (l'actuelle Belgique – sinon, je n'en aurais pas parlé ici), passé soixante-dix ans plus tôt sous l'autorité des Habsbourg d'Autriche, se révolte et accède quelques mois à l'indépendance sous le nom d'États belgiques unis (pour l'occasion, « belgique » était devenu un adjectif, qui s'accordait comme n'importe quel adjectif). Bon, d'accord, ça n'a duré que quelques mois, ça a été moins glorieux qu'en France, à la limite ça faisait un peu sale copieur des voisins français, mais enfin ça a permis de se dire, en 1830, qu'on ne venait pas complètement de rien. Comme ça, au moins, on n'était pas nés sous X.

• **1794-1815** : Parce que tout de même ça manquait, après les Espagnols, les Hollandais et les autres, l'actuel territoire belge se prend une bonne petite occupation française. Il n'y a pas de raison, après tout : quitte à avoir été occupé par à peu près tout le monde, autant ne pas faire les choses à moitié, et finaliser son palmarès.

• **1815-1830** : Au congrès de Vienne, les territoires de la future Belgique sont réunis à ceux des Pays-Bas pour former un État tampon au nord de la France, dirigé par Guillaume d'Orange. Et donc paf, on aurait dû y penser : après avoir été occupée par les voisins du sud, maintenant la future Belgique se ramasse les voisins du nord ! C'est ce qui s'appelle les accumuler. C'est bon qu'à gauche il y a la mer et à droite le Luxembourg[1], qui est encore onze fois plus petit que la Belgique, sinon on se serait vraiment ramassé tout le monde.

• **1830** : La révolution débouche sur la séparation du nord et du sud des Pays-Bas ; proclamation de l'indépendance et de la neutralité de la Belgique. Ouf, enfin on y est ! Mais bon, personne n'y croit, pas même ceux qui organisent l'indépendance. D'ailleurs, c'est assez marrant, mais personne ne sait vraiment d'où venait le nom « Belgique ». La France, par exemple, ça vient des Francs, qui signifient « hommes libres » ; les Belges, par contre, ça viendrait peut-être du celtique *bhelgh*, qui n'est pas une onomatopée de bande dessinée, façon « glups », mais qui signifie « se gonfler, être furieux ». D'aucuns estiment donc que les Belges, c'étaient les « furieux », les fiers, les vantards qui se gonflent comme une outre. Eh ben dites donc… Quitte à n'avoir aucun panache, on aurait au moins pu inventer (qui serait allé vérifier ?) que le mot désignait

1. Je sais que je viens d'en parler, mais ça me tient à cœur.

en celte « sympathique », ou « relax » ! Mais non. Personne n'a songé à tricher. Plus savoureux encore : *bolga*, en gaulois, signifie « sac de cuir » (là, j'ai beau chercher, je ne vois pas très bien le lien).

• **1898** : La loi De Vriendt-Coremans donne au néerlandais le rang de langue officielle au côté du français. Allez, bel effort. Il y avait encore du chemin, mais bon, c'était un début. Enfin, je dis ça, mais j'ai retrouvé une chouette pétition de l'époque signée de la main d'autorités judiciaires flamandes, lancée à l'adresse du président et des membres du sénat de Belgique, qui disait : « Le projet dont le Sénat est saisi ne répond à aucun besoin réel ; l'opinion publique y est indifférente, car personne n'a jamais osé soutenir que la pratique (du français) suivie par le pouvoir législatif depuis 1830, ait préjudicié aux droits et aux intérêts des Flamands. » Comme quoi. Allez, encore un petit bout pour le *fun* : « Or, les soussignés estiment que les décrets du pouvoir législatif sont par eux-mêmes impuissants à honorer une langue, elle ne s'honore que par les œuvres littéraires ou scientifiques de ceux qui la parlent ou qui l'écrivent. La proposition apparaît donc d'après ses propres auteurs comme une pure manifestation de principe, et il est permis de douter que telle soit la mission du législateur. » Décidément, les temps changent.

• **1909** : Léopold II lègue le Congo, sa propriété personnelle, à la Belgique. C'est sympathique. (J'ai cherché un commentaire plus brillant, mais je n'ai pas trouvé.)

• **1914-18** : La Belgique est occupée par l'Allemagne pendant la Grande Guerre. Alors qu'elle s'était pourtant déclarée neutre… Ça valait bien la peine.

• **1930** : Création de la première université en langue flamande, à Gand. Lors d'un débat du 27 février 1930 à la Chambre des représentants, le parlementaire Poullet explique que ça ne vaut pas la peine de s'exciter pour si peu, vu que la nouvelle loi ne modifierait le sort que de six ou sept étudiants.

• **1960** : Indépendance du Congo. Lors des cérémonies d'indépendance, le 30 juin 1960, le nouveau Premier ministre Patrice Lumumba déclare, en présence du roi Baudouin : « Nous avons connu le travail harassant exigé en échange de salaires qui ne nous permettaient ni de manger à notre faim, ni de nous vêtir ou de nous loger décemment, ni d'élever nos enfants comme des êtres chers. Nous avons connu les ironies, les insultes, les coups que nous devions subir matin, midi et soir, parce que nous étions des Nègres… Nous avons connu nos terres spoliées au nom de textes prétendument légaux, qui ne faisaient que reconnaître le droit du plus fort, nous avons connu que la loi n'était jamais la même, selon qu'il s'agissait d'un Blanc ou d'un Noir… Qui oubliera, enfin, les fusillades où périrent tant de nos frères, ou les cachots où furent brutalement jetés ceux qui ne voulaient pas se soumettre à un régime d'injustice ? »

Le roi Baudouin, le même jour et au même endroit, déclare : « L'indépendance du Congo constitue l'aboutissement de l'œuvre conçue par le génie du roi Léopold II (…). Lorsque Léopold II a entrepris la grande œuvre qui trouve aujourd'hui son couronnement, il ne s'est pas présenté à vous en conquérant, mais en civilisateur. (…) Le Congo a été doté de chemins de fer, de routes, de lignes maritimes et aériennes qui, en mettant vos populations en contact les unes avec les autres, ont favorisé leur unité et ont élargi le pays aux dimensions du monde. (…) Des hôpitaux nombreux et remarquablement outillés ont été construits. L'agriculture a été améliorée et modernisée. De grandes villes ont été édifiées et à travers tout le pays les conditions de l'habitation et l'hygiène traduisent de remarquables progrès. (...) Grâce aux écoles des missions, comme à celles que créèrent les pouvoirs publics, l'éducation a bien vite connu une extension enviable, une élite intellectuelle a commencé à se constituer ; vos universités vont rapidement l'accroître. Un nombre de plus en plus considérable de travailleurs qualifiés appartenant à l'agriculture, à l'industrie, à l'artisanat, au commerce, à l'administration font pénétrer dans toutes les classes de la population l'émancipation individuelle qui constitue la véritable base de toute civilisation. »

• **1962** : Loi fixant, une bonne fois pour toutes, la frontière linguistique. Une frontière souvent établie « à la grosse brosse », en fonction de tractations parfois approximatives et de compromis foireux. La commune d'Enghien, par exemple, est située en Wallonie, mais son cimetière se trouve en territoire flamand. Or, comme le cimetière dépend – forcément – de la commune, ce cimetière se retrouve dans un no man's land juridique. En effet, les Enghiennois ne savent pas à quel règlement se fier : le flamand, ou le wallon ? C'est important, car la durée des concessions et la possibilité de placer un cercueil en dehors du sol varient en fonction de la région.

Pas mal non plus : la caserne des pompiers d'Enghien est traversée par la frontière linguistique. Un tiers des bâtiments se trouve en Wallonie, le reste en Flandre. Mais la caserne est entourée de maisons situées en Flandre. Or, si les habitants de ces maisons flamandes appellent les pompiers, ils tomberont sur la caserne de Tollembeek, située vingt-cinq kilomètres plus loin. Ce qui, en cas d'incendie, n'est pas le plus commode.

Fiche n° 2
La Belgique, État artificiel ?

Depuis sa naissance, on a reproché à la Belgique d'être un État complètement fabriqué.

Parmi quantité d'autres penseurs, Edmond Picard, juriste et écrivain (1836-1924), s'indignait de ce point de vue : pour lui, la Belgique avait un sens et une légitimité historiques. Il écrivit ainsi, à l'évocation des différences culturelles en Belgique : « Alors que les deux idiomes se séparent nettement, les pensées, les instincts et les cœurs sont moins distincts et participent d'une communauté de nature qui forme le fond véritable et qui est le résidu précieux et immuable de la communauté bimillénaire dans la destinée historique. » Pas mal dit (il faut le relire deux fois pour tout comprendre, mais le fond n'est pas mal).

Une opinion qui était donc loin d'être partagée par tous ; je vous cite par exemple un extrait du journal d'Adèle Hugo (la fille de Victor), qui rapporte ceci en octobre 1854 : « À déjeuner. Présents : M. Meurice, Mme Meurice, M. Téléki, mon père, mes frères, moi, Auguste Vacquerie.

» Les États-Unis du monde. Point de départ : configuration géographique de la France par rapport à la Belgique.

» Charles : Il est possible que Bonaparte envahisse la Belgique et mette une armée sur le Rhin.

» Victor Hugo : Quoique je n'approuve rien de ce que peut faire ce drôle, pourtant, je trouverais bon que la Belgique soit envahie par la France, conquise par elle, et gardée comme faisant partie de la France.

» Charles : Mais les Belges ont leur nationalité et leur droit de patriote ; s'ils veulent rester belges et non devenir français, ils sont dans leur droit.

» Victor Hugo : Non. Ils ne doivent pas se refuser à l'agrandissement de la France, qui porte en elle l'idée, la civilisation, le progrès. Ils ne doivent pas se refuser à la nature, qui a assigné la Belgique dans les limites naturelles de la France. La Belgique est à proprement dire un département français comme l'Alsace, comme la Franche-Comté ; elle n'a pas plus le droit de se refuser à faire partie de la France que la Franche-Comté ou que l'Alsace. (...)

» Charles : Alors, si les grands États absorbent les petits, si la France absorbe la Belgique, pourquoi la Hongrie ne deviendrait-elle pas l'Allemagne ? L'Allemagne aussi pourrait dire : Je suis plus grande que la Hongrie ; la Hongrie doit devenir Allemagne.

» Victor Hugo : L'Allemagne n'a pas eu en Europe une influence comparable à celle de la France, ni comme art, ni comme idée, ni comme langue, ni comme action politique, ni comme la guerre. Quant à la Hongrie, c'est un grand État qui compte quinze millions d'habitants, n'est-ce pas, Téléki ?

» M. Téléki : Oui, à peu près.

» Victor Hugo : La Hongrie parle hongrois, et ne bégaye pas l'allemand.

» Charles : Au bout du compte, je trouve que la Hongrie a le droit de rester Hongrie, que la Belgique a celui de rester Belgique, que l'Alsace doit se faire Alsace, la Franche-Comté, Franche-Comté ; ou plutôt, qu'il ne doit plus y avoir ni Hongrie, ni Belgique, ni Allemagne, ni France, ni Alsace, ni Franche-Comté. Il ne doit rester que l'Europe et la Commune.

» Victor Hugo : Alors nous retournerons à l'état sauvage.

» François : Avec la vapeur, le fil électrique, la presse ?

» Victor Hugo : Ne m'interromps pas. C'est l'état sauvage. Il faut que les petits peuples se fondent dans les grands peuples. Il faut que la Belgique se fonde dans la France, que la France se fonde dans l'Europe, et si la France s'y oppose, nous l'y forcerons comme nous y aurons forcé la Belgique. Il faut qu'à son tour l'Europe se fonde dans le monde, et qu'après avoir vu les États-Unis d'Europe, nous voyions les États-Unis du monde.

» Charles : Cela revient à ce que je disais.

» Victor Hugo : De l'unité de la France sortira l'unité de l'Europe ; de l'unité de l'Europe sortira l'unité du monde. Les États-Unis du monde auront pour gouvernants les penseurs, les philosophes, les écrivains. Les États-Unis du monde auront pour Assemblée l'institut. L'avenir est à la science et à l'art. »

Tchoss, il savait parler, ce peï[1].

FICHE N° 3
CHANTS ET CÉLÉBRATIONS

Pas de mythologie nationale, vous disais-je. Demandez autour de vous, aucun Belge ne connaît la date exacte de cette fameuse représentation de *La Muette de Portici* qui fut à l'origine de sa mini-révolution. C'est dire la force du symbole. On a bien un jour de fête nationale (le

1. Peï : bonhomme, mec.

21 juillet), mais qui fait référence au jour de la prestation de serment du roi Léopold Ier. D'ailleurs, pour les autres fêtes du royaume, ce n'est, là aussi, qu'un immense bazar. Aucune cohérence, un grand n'importe quoi. La fête de la Communauté flamande, par exemple, tombe le 11 juillet, en référence au 11 juillet 1302 (!), date de la bataille des Éperons d'or, qui signa l'assassinat de centaines de seigneurs français par des ouvriers et des paysans flamands... mais qui en fait n'étaient pas flamands, ou alors une petite partie d'entre eux : il y avait aussi parmi eux quantité de Namurois et de Liégeois, et aussi des Zélandais, et même des Anglais[1] !

La fête de la Fédération Wallonie-Bruxelles, elle, est fixée le 27 septembre, en hommage au 27 septembre 1830, jour de la fuite des soldats néerlandais face aux Belges. Et puis, la fête de la Communauté germanophone a lieu le 15 novembre, qui est le jour de la Saint-Léopold, en hommage à Léopold Ier (ce qui est assez fair-play de leur part).

Même foutoir pour les symboles de chaque communauté. Il y a le lion des Flandres, le coq wallon et l'iris bruxellois. Pourquoi un lion en Flandre ? Parce que les armoiries des comtes de Flandre, au XIIe siècle, étaient figurées par un lion. Vachement excitant. Le coq est le symbole wallon par référence au coq français, sauf qu'il est représenté par les couleurs de la principauté de Liège (allez savoir pourquoi). La Communauté germanophone, elle, a pour armoirie le

1. On reviendra plus loin avec une anecdote encore plus cocasse sur cette bataille des Éperons d'or. Un indice : c'est Léopold Ier qui en a exhumé le souvenir, alors qu'elle était oubliée depuis des siècles !

lion du Limbourg (attention: c'est un autre lion que celui des Flandres !), *mais* entouré de neuf fleurs, qui symbolisent chacune les neuf communes germanophones.

Et enfin, le meilleur pour la fin: l'iris bruxellois ! Un iris ? Pourquoi un iris ? À cela, je rétorque: et pourquoi pas un iris ? Il s'agit, pour être précis, de l'iris des marais. Pourquoi des marais ? Toutes ces questions ! Parce que Bruxelles signifiait au départ « cité des marais ». Et voilà. Un peu comme si, bêtement, les armes de la Suisse étaient figurées par une montagne, ou une horloge. Moi je dis: pourquoi toujours se compliquer la vie[1]...

Voyons à présent ce qu'il en est des chants patriotiques. Nous avons déjà évoqué *La Brabançonne*; revenons-y quelques instants. Nous disions donc :

La Brabançonne (1830 – musique de François Van Campenhout, paroles de Jenneval, un acteur lyonnais qui se trouvait à Bruxelles par hasard ; les paroles furent plusieurs fois modifiées par la suite). Anecdote: l'hymne fut composé dans un café, rue de la Fourche.

Je vous laisse découvrir un extrait des paroles actuelles (qui n'ont plus changé depuis 1860) :

Ô Belgique, ô mère chérie,
À toi nos cœurs, à toi nos bras !
À toi notre sang, ô Patrie,

1. Bon, d'accord, on peut toujours tout tourner en dérision... Et puis, c'est vrai, il y a d'autres explications historiques, notamment le fait qu'au Moyen Âge, les touffes d'iris évitaient aux soldats bruxellois de tomber dans les eaux marécageuses. Mais bon, si on ne peut plus rigoler.

Nous le jurons tous, tu vivras !
Tu vivras toujours grande et belle
Et ton invincible unité
Aura pour devise immortelle :
Le Roi, la Loi, la Liberté !
Le Roi, la Loi, la Liberté !
Le Roi, la Loi, la Liberté !

Voilà voilà, c'est un hymne qui n'est pas plus mal qu'un autre ; disons qu'il est plutôt de bonne facture, assez facile à retenir, pas trop agressif, bref on peut en être assez contents.

Mais rassurez-vous : il y a quand même des trucs marrants à raconter sur lui ! D'abord que c'est un Français qui a écrit les paroles, mais bon à la limite ça rend la Belgique plutôt sympa (c'est cocasse, quand même, après une révolution qui se déclenche suite à un opéra italien, et dont le premier roi est prussien !), et puis surtout qu'il n'existe aucune version officielle de *La Brabançonne*. Ce qui n'est quand même pas mal : on n'est jamais parvenus à se mettre d'accord !

Il y a bien eu différentes commissions qui se sont penchées sur la question, mais leurs travaux n'ont pas abouti. Or, comment dire… trouver des paroles définitives pour un hymne, ça ne doit quand même pas être chinois ! Cela dit, peut-être qu'on a bêtement renoncé à ce projet pour raisons d'agenda : il est possible que, de reports en annulations successives, pour cause d'indisponibilités diverses (enfant malade, grippe intestinale), la lassitude ait pris peu à peu le pas sur l'enthousiasme initial, poussant donc la commission à une mort que personne n'aurait vraiment remarquée.

Cela dit, je noircis un peu le tableau : une circulaire du ministère de l'Intérieur datant du 8 août 1921 décrète en effet que… seule la quatrième strophe est officielle. C'est déjà ça (il s'agit de celle que je viens de vous présenter).

Je peux vous donner les trois autres strophes, si vous voulez, mais sachant donc qu'elles ne sont *pas* officielles :

Après des siècles d'esclavage,
Le Belge sortant du tombeau,
A reconquis par son courage,
Son nom, ses droits et son drapeau.
Et ta main souveraine et fière,
Désormais peuple indompté,
Grava sur ta vieille bannière :
Le Roi, la Loi, la Liberté !

Marche de ton pas énergique,
Marche de progrès en progrès ;
Dieu qui protège la Belgique,
Sourit à tes mâles succès.
Travaillons, notre labeur donne
À nos champs la fécondité !
Et la splendeur des arts couronne
Le Roi, la Loi, la Liberté !

Ouvrons nos rangs à d'anciens frères,
De nous trop longtemps désunis ;
Belges, Bataves, plus de guerres.
Les peuples libres sont amis.
À jamais resserrons ensemble
Les liens de fraternité

Bon. Je dois encore vous dire deux choses. Tout d'abord, que c'est effectivement le Français Jenneval qui a écrit les paroles originales de *La Brabançonne*, mais que Jenneval est mort en 1830, et que les paroles actuelles datent de 1860. Je sais, ça semble contradictoire, mais c'est comme ça, c'est la Belgique.

En fait, en 1860 il a fallu changer les paroles initiales car elles étaient trop agressives à l'encontre de la Hollande (vu qu'entre-temps la Hollande était devenue l'alliée de la Belgique). Mais comme on n'a pas voulu heurter la mémoire de Jenneval (qui était quand même mort au combat en 1830), on a continué à le citer. Vous dire aussi que la musique de *La Brabançonne* avait tellement de versions (à force d'avoir été modifiée sans cesse, au gré des inspirations de ses interprètes successifs) que le ministre de la Guerre belge, par un arrêté du 5 juin 1873, a prescrit aux musiques militaires de se conformer à une partition arrangée par l'inspecteur des musiques de l'armée belge (ce qui doit être un chouette boulot). Bref : rien de vraiment gravé dans du marbre.

Bon, passons à présent au *Chant des Wallons* (1900 – Théophile Bovy et Louis Hillier). Des paroles, vous allez le voir, exemptes de lyrisme inutile, mais d'une sympathie indiscutable.

Nos estans firs di nosse pitite patreye,
Ça lådje et lon, on djåze di ses efants.
Å prumî rang, on l'mete po l'industreye
Et dvins les årts, ele riglatixh ostant.
Nosse tere est ptite, mins nos avans l'ritchesse
Des omes sincieus k'anôblixhèt leu nom.
Et nos avans des libertés timpesse :
Vola pocwè k'on-z est firs d'esse Walons !

Nous sommes fiers de notre Wallonie,
Le monde entier admire ses enfants.
Au premier rang brille son industrie
Et dans les arts on l'apprécie autant.
Bien que petit, notre pays surpasse
Par ses savants de plus grandes nations.
Et nous voulons des libertés en masse :
Voilà pourquoi l'on est fier d'être Wallons !

Eh bien voilà. On a beau être sceptique à l'encontre du principe même de l'hymne ; reste que celui-ci n'est ni revanchard ni va-t-en-guerre, et qu'on voit mal comment ne pas l'aimer : il est si relax, si bienveillant, si tranquillos ! Comment ne pas avoir envie d'être wallon en entonnant un tel hymne ?

Car il s'agit, je le répète, de l'hymne *officiel*, pas d'un chant de caserne. Officiel depuis 1998 seulement (jusque-là la Wallonie s'en était très bien tirée sans hymne), mais officiel tout de même. Petite anecdote : avant d'être choisi, il avait été mis en balance avec *L'Hymne namurois* (1856 – Nicolas Bosret). Il n'eût pas été illogique que cet *Hymne namurois* fût choisi, vu que Namur est la capitale de la Wallonie ; ce ne fut pas le cas, mais délectons-nous tout de même en découvrant ses paroles :

Refrain
C'est demain le jour de mon mariage.
Apprêtez, apprêtez tous vos bouquets.
Nous les mettrons au corsage.
Des jeunes filles de notre banquet.
C'est la mienne la plus jolie.
Aussi, je me réjouis.

De lui donner le bouquet.
Elle aura le plus beau bouquet.

Couplet 1
Ce fut une drôle de chose.
L'autre fois, j'avais un peu bu.
Tout appuyé, j'allais m'endormir.
L'amour vint m'réveiller.

Couplet 2
C'était ma petite Marie.
Comme elle était jolie.
Quel embarras ce fut c'jour-là
Quand j'ai signé l'contrat.

Couplet 3
Adieu toutes mes folies.
J'entre dans la confrérie.
C'est à l'autel que je vais jurer
Amour, fidélité.

Couplet 4
C'est demain que j'me marie.
Adieu toute la jeunesse.
Pour commencer je vais tirer
À la corde à tout casser.

Pas sûr que ce chant inciterait à mourir sur les barricades ; en même temps, de nos jours, il n'y a plus de barricades.

Avant de passer à la suite, je me dois d'évoquer la devise wallonne. La devise belge étant, pour mémoire, *L'union fait la force* (ce qui est assez gag, quand on y pense). La devise wallonne, quant à elle, est… zut, je ne reviens plus dessus… attendez, je cherche… Ah voilà, j'ai trouvé : il n'y en a pas. Eh non. Pas de devise wallonne. En tout cas pas d'officielle, à part *Walon todi* (« Wallon toujours », ce qui est certes mieux que « Wallon parfois » ou « Wallon souvent », mais manque singulièrement de force et d'originalité). Ce n'est pas grave, on s'en fiche, mais ce qui est triste, c'est qu'en plus on en a cherché une ! Et qu'on n'a pas trouvé ! La honte ! En 2010, les autorités wallonnes avaient lancé un grand appel aux internautes, en leur demandant leurs propositions. Certains journaux s'étaient même adressés à leurs lecteurs en ces termes flamboyants : « Lâchez-vous, nous présenterons les meilleures propositions au gouvernement wallon. » Et bon, le dossier a un peu patiné, et *on en est resté là.*

Document historique inédit

7 avril 2010. Les plus hautes autorités décisionnaires de la Région wallonne se sont réunies au Parlement pour trouver une devise à la Wallonie.

Le président de séance :

– Bon les gars, il nous faut une devise wallonne. Une idée, quelqu'un ?

Tous :

– Non.

Le président de séance :

– Euh… allez, vous avez bien un petit quelque chose, non ?

Tous :

– Non.

Suspension de séance, et clôture des débats.

Cette mode de l'appel d'offres semble assez au goût du jour, car en 2010, Rudy Demotte, le ministre-président de la Wallonie et de la Fédération Wallonie-Bruxelles (c'est ainsi qu'il est présenté sur son site officiel – rendons hommage au passage à la clarté limpide de la dénomination) a prononcé un discours intitulé « Créer une conscience collective wallonne », dans lequel il en appelait au concours de chaque citoyen. L'idée d'en *créer une* ne manquant pas de sel. « Les amis, créons une conscience collective ! » L'avantage : ça nous faisait un nouveau problème à régler. De quoi s'occuper le dimanche, quand il pleut.

Avant de passer à l'hymne flamand, un tout dernier petit truc : saviez-vous (j'espère que non, sinon mon anecdote perd de son sel) que la première apparition reconnue du mot « Wallonie » ne remonte qu'à 1842, dans l'essai d'un philologue, l'abbé Honoré Chavée, qui l'utilisait pour désigner le monde roman en opposition à l'Allemagne ? Le mot existait déjà avant, certes, mais pas précisément dans le sens qu'on lui connaît aujourd'hui ; ce n'est d'ailleurs que deux ans plus tard, en 1844, que l'écrivain François Grandgagnage le désigne pour la première fois comme « la partie romane du jeune État unitaire Belgique ». Après ça, il faudra encore attendre quelques décennies pour qu'apparaisse son sens politique d'affirmation régionale. Ce qui signifie (attention, théorie iconoclaste) que l'État belge, au lieu de brimer les différences culturelles wallonne et flamande, les a créées[1] !

Ce grand débat étant lancé, il est temps à présent de passer à l'hymne flamand, le *Vlaamse Leeuw* (1847 – musique de Karel Miry, paroles d'Hippoliet van Peene).

1. Je lance le débat. Je sens que ça va chauffer les esprits.

Zij zullen hem niet temmen, de fiere Vlaamse Leeuw,
Al dreigen zij zijn vrijheid met kluisters en geschreeuw.
Zij zullen hem niet temmen, zolang een Vlaming leeft,
Zolang de Leeuw kan klauwen, zolang hij tanden heeft.
Zij zullen hem niet temmen, zolang een Vlaming leeft,
Zolang de Leeuw kan klauwen, zolang hij tanden heeft.
Zolang de Leeuw kan klauwen, zolang hij tanden heeft.

Ils ne le dompteront pas, le fier Lion de Flandre,
Quoiqu'ils menacent sa liberté par des chaînes et des cris.
Ils ne le dompteront pas, tant qu'un Flamand vivra,
Tant que le Lion pourra griffer, tant qu'il aura des dents.
Ils ne le dompteront pas, tant qu'un Flamand vivra,
Tant que le Lion pourra griffer, tant qu'il aura des dents.

D'aucuns pourraient évidemment être surpris qu'une telle véhémence soit possible dans un chant officiel, cité sur le portail officiel des services publics belges. Mais ce qui est assez poilant, c'est qu'initialement ces paroles étaient dirigées contre l'ennemi… français.

Il nous faudrait à présent évoquer l'hymne bruxellois. Avant 1994 et l'humoriste brusseleir[1] Coco Van Babbelgem, il n'en existait pas. En signant l'*Hymne national bruxellois*, il combla un manque cruel :

Bruxelles, Bruxelles, Bruxelles, Bruxelles
Pour moi, tu seras toujours la plus belle.
Bruxelles, Bruxelles, Bruxelles, Bruxelles
Pour moi, tu seras toujours la plus belle.

1. Brusseleir : bruxellois authentique.

Il n'y a pas une ville plus universelle
Plus tof[1] et plus spoem[2] que not' Bruxelles
Ça sait[3] pas me venir à l'esprit
Comment on peut vivre autre part qu'ici
D'ailleurs, ce n'est pas bien compliqué
Quand tu vas en ville pour te promener
Tu peux voir tous ceux venus de partout
Que tu reconnais à l'accent surtout.

Cela dit, il y a pas mal de chansons de cette trempe pour parler de la Belgique. Je vous cite l'incontournable *Vive la Belgique* (2007), interprété par Le Grand Jojo, star 100 % locale des hit-parades depuis son légendaire *Tango du Congo* sorti dans les années septante.

Mon père, un Brusseleir, un jour a rencontré maman
C'était une belle Wallonne dont le papa était flamand
Ils se sont dit « je t'aime » et ils ont fait un p'tit enfant
Le résultat j'suis là, un bon p'tit Belge tout simplement.

Dans un même esprit, les Belges se souviennent avec le sourire de la chanson *Tartine et boterham* des Snuls, groupe comique qui sévissait sur Canal+ Belgique au début des années 1990 (« Tartine et boterham » – boterham voulant dire « tartine » en flamand – est une expression locale, proche de « chou vert et vert chou » : « tout ça, c'est tartine et boterham »). Le sketch mettait en scène un couple : elle est francophone, il est néerlandophone, mais ils s'aiment quand même.

1. Chouette.
2. Plaisant.
3. Peut.

Elle
En Belgique on fait des enfants
Qu'ils parlent français ou bien flamand
À un enfant de la mine[1] j'étais promise
C'est un Flamoutch[2] qui m'a conquise !

Lui
Je suis un vrai lion des Flandrrrresss.
Comme un bon Flamoutch, je roule les Rrrrr.
Pour moi, tes œils sont verrrts j'espèrrrre
Et pourtant, laissons dire, je ne sais rien de l'amourrrr

Elle
Ik ben geboren in de milieu van de terrils
Ma vaderland is Wallonie
« Geef mij een kus[3] »
Ou « embrasse-moi »
Avec la langue
Qu'on parle toi et moi

Refrain
Les mauvaises langues peuvent dire
n'importe quoi (alleye[4])
Mon cœur ne bat plus que pour toi (oh ja[5])

---

1. Allusion aux nombreuses mines wallonnes (qui, aujourd'hui, sont toutes fermées).

2. Un Flamand (parfois insultant, ici affectueux).

3. Je suis née au milieu des terrils / Mon pays est la Wallonie / « Donne-moi un baiser ».

4. Allez (je le répète).

5. Oh oui.

Onze liefde[1] notre amour ça rime, ça rame
Comme dans tartine et boterham

Je vous mentionne ces chants légers, mais il y a quand même, par le passé, des gens qui sont morts pour la Belgique, pour leur roi, pour le drapeau noir-jaune-rouge : ce pays n'a pas toujours été considéré comme foireux par ses habitants. Sur une statue de la place Saint-Jean à Bruxelles, par exemple, cette émouvante citation de Gabrielle Petit, fusillée à vingt et un ans par les Allemands : « Je viens d'être condamnée à mort. Je serai fusillée demain. Vive le roi. Vive la Belgique. Je leur montrerai comment une femme belge sait mourir. »

Ceci pour dire que la Belgique a pu faire vibrer, par le passé. Ainsi de ce chant, trouvé dans les *Chants de guerre des enfants de France – cantiques, rondes et chansons* (1918) :

Aidez-nous, ô grands saints de France,
La Belgique se meurt pour nous avoir sauvés,
Il faut que notre effort hâte sa délivrance,
Que ses biens soient tous retrouvés !

C'est pour le droit, pour la justice,
Qu'elle a souffert cette douleur,
Il est complet, son sacrifice,
Elle a tout perdu fors l'honneur !

1. Notre amour.

FICHE N° 4
LE REGARD DE LA BELGIQUE SUR SON PASSÉ

Aujourd'hui, la quasi-totalité des hommes politiques français de droite se déclarent gaullistes, alors que leur héros est mort il y a plus de quarante ans ! Qu'aurait dit le Général ? Qu'aurait fait le Général ? Je suis bien d'accord, l'homme était remarquable… Seulement voilà, enfin, je ne veux rien dire, mais je vais le dire quand même : il y eut un gouvernement belge officiel en exil à Londres dès juillet 1940 ! Un gouvernement composé des quatre ministres, qui étaient en fonction avant l'invasion allemande. Ces gens étaient donc au pouvoir, les Allemands sont arrivés, alors ils sont partis, et ils ont reconstitué leur gouvernement à Londres. Point barre.

Parmi eux, deux figures majeures : Camille Gutt, le ministre des Finances qui, grâce à une opération d'assainissement monétaire (la fameuse « opération Gutt »), évita à la Belgique les années de disette d'après-guerre, et Paul-Henri Spaak, qui fut ministre des Affaires étrangères, président de l'Assemblée générale des Nations unies et secrétaire général de l'OTAN (ce qui n'est tout de même pas mal). Vous pensez que ces hommes se la sont ramenée après la guerre ? Pensez-vous ! Bien à l'aise, les mecs. Pas eu besoin de parler de Belgique éternelle, ni de s'exclamer devant une foule enthousiaste au lendemain de la guerre : « Bruxelles outragée, Bruxelles brisée, Bruxelles martyrisée, mais Bruxelles libre ! » Tout le monde se serait poilé[1].

---

1. Et puis, on a d'autres éléments un peu glorieux : la Sécurité sociale, par exemple, fut conçue dans la clandestinité, pendant la guerre, en bonne intelligence entre patrons et délégations d'ouvriers, tandis qu'en France elle fut pour ainsi dire imposée au patronat par

La Belgique est très peu férue de polémiques sur son propre passé, qui sont pourtant le lot de bien des pays.

Parfois, il y a de très vagues esquisses de débats, des amorces de tentatives de simulacres d'ersatz de grandes polémiques, mais qui retombent en général comme un soufflé, à tel point qu'on en aurait presque le cœur gros pour l'apprenti polémiste, et qu'on serait presque tenté de s'indigner avec lui rien que pour lui faire plaisir.

Le 11 juin 2002, par exemple, le député Hagen Goyvaerts déclara à la Chambre des représentants : « La famille royale doit bel et bien sa fortune au Congo, et la façon scandaleuse dont elle a été acquise est un fait historique. » Eh bien vous savez quoi ? Aucune réaction ! Pas de bol pour ce pauvre député. On n'imaginait certes pas le peuple en armes entamer une marche furieuse sur le château de Laeken, mais je ne sais pas, au moins une petite pétition, ou alors une vague manif, quelque chose, mais non : rien, nada, schnol ! Le bide total.

Même les trucs plus *soft* tombent à plat. Ainsi, Louis Tobback, qui fut tout de même ministre de l'Intérieur, déclara en février 2012 que la révolution belge de 1830 fut une « stupidité bruxelloise », pour avoir été provoquée par des « catholiques qui refusaient de devenir protestants, et

---

les syndicats. Et il y a eu d'autres motifs de fierté ; toujours pendant la guerre, par exemple, le Conseil de l'Ordre des avocats du Barreau de Bruxelles écrivit une lettre de protestation très claire contre l'ordonnance du 28 octobre 1940 excluant les juifs de la magistrature et du barreau.

des francophones qui avaient peur de devoir parler néerlandais». En clair, une espèce de foutage de gueule sur les origines du pays dont il a été un éminent ministre pendant des années. Un peu comme si Laurent Fabius déclarait que la révolution de 1789, c'était n'importe quoi. Et là non plus : aucune réaction. Sans doute parce que tout le monde est plus ou moins d'accord ? Ou, pire : parce que personne ne s'est posé la question, et que même posée, la question ne les interpelle pas ? Ou alors parce qu'il faut aller faire les courses au Delhaize, y a plus rien dans le frigo ?

Allez, encore un petit exemple avant de passer à autre chose : lors de la prestation de serment qui suivit, celle d'Albert II en 1993, le député Jean-Pierre Van Rossem cria dans l'hémicycle : «Vive la République d'Europe ! Vive Julien Lahaut[1] !» Et quelles furent les réactions ? Bof. Là non plus, pas grand-chose. Les gens ont été un peu énervés, c'est vrai, mais bon, rien de grave ; un peu comme si, dans un restaurant, un client à une table voisine avait trop bu. Le gars a quand même été détenu quelques heures, parce qu'il ne faut pas non plus rigoler, mais enfin bon rien de grave hein les amis.

Le *top of the best* étant quand même l'histoire de Léon Degrelle. Ce nazi parfaitement assumé, ce collaborateur ultime, lieutenant-colonel dans la Waffen SS Division Wallonie, est mort bien à son aise en Espagne en 1994 ! Après avoir accordé des centaines d'interviews à divers

1. Homme politique belge, communiste, militant wallon, résistant, antifasciste, assassiné en 1950, quelques jours après avoir crié avec d'autres députés communistes «Vive la République !» lors de la prestation de serment du roi Baudouin en tant que prince royal. (Il faudra encore un an à Baudouin pour pouvoir devenir roi, car en 1950 il n'était pas encore majeur.)

médias belges et étrangers, dans lesquelles il répétait à l'envi qu'il ne regrettait rien de son comportement durant la guerre (si ce n'est de ne pas avoir pu aller plus loin). Ce type épouvantable a donc fini ses jours avec sa femme dans son appart' avec vue sur mer, faisant ses courses tous les jours devant les caméras, allant acheter son journal au kiosque en bas de chez lui. Tranquillos. Pourquoi n'a-t-on jamais lancé de missions d'évacuation de Degrelle, un peu à l'image des services secrets israéliens partis à la recherche d'Eichmann ? Parce que Degrelle était protégé par l'Espagne franquiste, sans doute, mais surtout parce que ça n'intéressait pas grand monde d'aller le rechercher : les autorités de l'époque n'avaient aucune envie de lui offrir une tribune et de relancer des polémiques.

Ce peu de goût pour le scandale et les indignations à outrance se retrouve à bien d'autres égards.

En février 2003, par exemple, le consul d'Israël en Floride lançait un mot d'ordre à la communauté juive de son État : « Ne mangez pas de chocolat belge[1] ». Eh bien cette histoire de boycott du chocolat, personne n'en a parlé. Demandez autour de vous : personne n'est au courant. Et si les gens avaient été au courant, ça les aurait plutôt fait rigoler.

1. Son intention : obtenir l'irrecevabilité d'une plainte déposée devant un tribunal bruxellois par vingt-trois Palestiniens contre Ariel Sharon pour sa responsabilité dans les massacres de Sabra et Chatila, en vertu de la loi de « juridiction universelle ». Une très chouette idée, qui consistait à autoriser l'État belge à poursuivre certains crimes, quel que soit le lieu où ils avaient été commis, sans aucun égard pour la nationalité des auteurs des crimes ni des victimes... mais qui fut plus ou moins abandonnée il y a quelques années, pour des raisons diplomatiques (la Belgique commençait à se fâcher avec un peu beaucoup de monde), et à cause du nombre toujours grandissant de plaintes (ça commençait à faire un peu beaucoup de boulot).

Bart De Wever, le leader indépendantiste flamand, a bien tenté de lancer en 2011 un grand débat sur la collaboration en Belgique durant la Seconde Guerre mondiale. Son leitmotiv : la Wallonie n'assumait pas son passé collaborationniste. Le credo était : « Nous les Flamands, on a peut-être été collabos, mais vous aussi, alors camembert ! » Mais sa sortie n'a pas énervé les foules ; pas de grandes indignations, pas de marches pour la dignité. En fait, encore une fois, et cela ne surprendra plus le lecteur, tout le monde s'en est plus ou moins foutu.

Et puis, lorsqu'en janvier 2013 une vive polémique éclata à propos des velléités de la reine Fabiola d'éluder les droits de succession sur la dotation que lui fournissait l'État, l'écrivain et humoriste Thomas Gunzig pouvait traiter la reine de « vieille conne » sur les ondes de la radio publique sans que personne ne s'en émeuve. Enfin si, il y a eu des émotions, mais plutôt des émotions joyeuses : sacré Gunzig, il nous fait quand même marrer, il y va fort ! Bon, c'est vrai, c'est quand même la reine, mais bon elle a poussé le bouchon, aussi, donc voilà.

FICHE N° 5
LE REGARD DE LA BELGIQUE SUR ELLE-MÊME

Ce peu de goût pour le débat connaît des déclinaisons diverses. Au début de l'année 2013, par exemple, la France connut un débat enflammé à propos du mariage gay. Des affrontements dans la rue, des tribunes dans *Le Monde*, des envolées à n'en plus finir : « Mise à bas des fondements de notre civilisation », « Symbole de la décadence occidentale », « Bientôt on pourra épouser son poisson rouge »,

« Quelle image donne-t-on à nos enfants »... et, bardaf : le Belge, découvrant avec stupeur ce débat, apprend que le mariage gay est autorisé dans son pays depuis... juin 2003 ! Quasi dix ans plus tôt ! Mais personne ne s'en était aperçu !

Cela dit, ce pragmatisme à tout crin ne présente pas que des avantages : par sa faute, on passe à côté d'envolées lyriques fumantes. Comme par exemple celle de Christiane Taubira, la ministre française de la Justice, citant à l'Assemblée, lors de la présentation de la loi, les mots du poète Léon-Gontran Damas : « L'acte que nous allons accomplir est beau comme une rose dont la tour Eiffel assiégée à l'aube voit enfin s'épanouir les pétales. Il est grand comme un besoin de changer d'air ; il est fort comme le cri aigu d'un absent dans la nuit longue. » Diable ! Pour un peu, on aurait eu l'impression que l'humanité passait un cap décisif, alors que bon, restons calmes, tout de même ; ce n'était pas non plus 1789 qui se jouait. En Belgique, la conclusion des débats ressemblait plutôt à : « Bon, ben voilà chers collègues, emballé c'est voté ; quelle est la suite du programme ? »

Idem pour les débats concernant l'euthanasie : là aussi, que de débats, mes aïeux, en France ! La Vie contre la Mort, le Progrès, l'Obscurantisme, le sens de la souffrance... et en Belgique, paf : la loi est passée en 2002, comme une lettre à la poste. Est-ce à dire que le Belge est négligent ? Faiblement motivé ? Sans doute a-t-il conscience que souvent, les débats impérissables ne sont que des mots, les indignations souvent factices, et les imprécations creuses et aussi vite oubliées. « Ah bon ? La loi est passée ? Allez, cool. Quand est-ce qu'on mange ? »

Lors du grand stress du virus H1N1, la France était au bord de l'apocalypse ; c'était la fin des fins, tout le monde allait crever dans d'atroces souffrances, l'océan allait tout engloutir. Tandis qu'en Belgique, boarf, on s'est dit qu'on verrait bien. Un esprit acéré a eu l'idée de compter le nombre d'occurrences de la formule « grippe porcine » dans le journal *Nord Éclair* version belge et dans le journal *Nord éclair* version française (il s'agissait initialement du même journal, qui s'est scindé). Après enquête sur leurs sites respectifs, voici le résultat, implacable : 171 occurrences côté français, 23 du côté belge ! Tranquilles, je vous dis.

On pourrait dire, en fait, que rien ne pousse le Belge vers le haut. Il est ici-bas, et il s'en porte très bien. Les idées, les théories, les abstractions ne sont pas son fort. Là où, en France, la fidélité aux principes semble un impondérable de la politique (« J'ai toujours été fidèle à mes principes »), en Belgique la configuration est radicalement différente. Paul-Henri Spaak, par exemple, une de nos gloires nationales, déclara qu'on lui reprochait souvent d'être un opportuniste, et qu'il ne voyait pas où était le problème, l'opportunisme étant selon lui, tout simplement, l'adaptation aux circonstances, et donc le bon sens. Un discours qui passerait mal en France.

La politique en Belgique : interview fictive

– Quelles sont vos idées, monsieur le ministre ?

– Mes idées ? Euh, ben... je ne sais pas, euh... résoudre les problèmes.

– Oui, d'accord, mais je veux dire : vos idées ? Les principes auxquels vous croyez ? Ce pour quoi vous voulez vous battre ?

– Ah ? Ouh là. Ben écoutez, je ne sais pas, euh... résoudre les problèmes ?

– Mais encore ?

– Rooooh, je sais pas moi ! Mener une politique de bon sens !

– Mais... le bon sens des uns n'est pas le bon sens des autres !

– Ceux qui disent cela n'ont aucun bon sens.

Trotski, qui Dieu sait pourquoi s'est mis à écrire un jour quelques lignes sur les Belges, a théorisé à ce sujet : « Les Belges sont l'archétype d'un peuple totalement commercialisé, d'un peuple digne, industrieux, stable certes, mais d'un peuple qui a renoncé à toutes les visions, à tous les rêves, à tous les idéaux nationaux ; d'un peuple dont l'ambition presque universelle est devenue la richesse et le confort individuels. Dans ces conditions, ce peuple, en quelque sorte, a renoncé. Il a renoncé parce qu'il a subi trop de désastres, d'humiliations, de défaites, d'occupations ennemies, d'armées étrangères foulant son territoire. Dans ces conditions, ce peuple est définitivement marqué par sa propre impuissance à forger son destin. Ses esprits les plus hardis et les plus énergiques eux-mêmes ont tendance à choisir le confort personnel et la sécurité à tout prix.

En politique, ils ne sont ni de droite, ni de gauche, ni progressistes, ni réactionnaires, ni nationalistes ni internationalistes : ils sont belgifiés. »

Et deux siècles plus tôt, le prince de Ligne invitait Rousseau à se réfugier chez lui en ces termes : « On ne sait pas lire dans mon pays ; vous ne serez ni admiré, ni persécuté. »

FICHE N° 6
ILS SONT BELGES ET SE SONT PLUTÔT BIEN EXPORTÉS

Si vous devenez belge, il n'est pas indispensable de connaître les paroles de *La Brabançonne*, mais pouvoir citer quelques noms de personnalités, voire de stars originaires du pays, est du meilleur effet.

Présentons quelques vedettes qu'on ne présente plus (enfin si, on va les présenter puisqu'on va en parler, mais on ne va pas les présenter car c'est inutile ; elles sont déjà bien assez connues).

Et étudions le lien de ces célébrités à leur nationalité.

Il y a d'abord ceux avec qui ce n'est jamais très clair : **Johnny Hallyday** et **Raymond Devos**, par exemple. À leur évocation, il y a toujours des espèces de polémiques pour savoir s'ils sont belges ou français, français ou belges, franco-belges, nés en Belgique mais français, nés en France mais belges, ou ni l'un ni l'autre, ou les deux à la fois.

Voici donc, ici résolue, cette double énigme : Johnny est né à Paris, son père était belge, mais il n'a jamais été belge, car ses parents n'étaient pas mariés. Raymond Devos, quant à lui, est né en Belgique, mais ses parents étaient français. Vous voyez : il était inutile de vous arracher les cheveux pendant des années ! Il suffisait de venir me consulter...

Une catégorie différente : **Pierre Arditi** et **Jacques Higelin**, qui n'ont jamais traîné la réputation d'être belges... ce qui est assez normal, car ils ne le sont pas. Même qu'ils ne l'ont jamais été. Vous me direz donc : pourquoi, dans ce cas, en parler ici ? Tout simplement parce que leurs mères étaient belges, mais qu'elles étaient mariées à des Français... si bien qu'ils ne sont pas français. Et voilà comment je viens de semer le trouble dans votre esprit, qui était jusque-là parfaitement serein.

Autre cas d'école : **sœur Emmanuelle**. Chacun sait qu'elle était belge, mais on l'oublie toujours. « Ah oui, tiens, c'est vrai : elle était belge, au fond, sœur Emmanuelle. J'avais lu ça quelque part ; j'avais oublié. » Pareil pour **Françoise Mallet-Joris** ou **Marguerite Yourcenar.**

Il y a aussi – bien entendu – ceux dont on n'oublie jamais qu'ils sont belges, ceux qui personnifient la Belgique ; ceux à qui l'on se doit, à ce titre, de poser au moins une question par interview à propos de la Belgique : **Benoît Poelvoorde, Philippe Geluck, François Damiens, Bouli Lanners, Annie Cordy.**

Ceux dont on sait qu'ils sont belges, mais qu'on n'embête pas avec ça : **Yolande Moreau, Olivier Gourmet, André Torrent, Olivier Minne, Virginie Hocq, Marie Gillain, Viktor Lazlo, Plastic Bertrand.**

Ceux dont on sait qu'ils sont belges, mais on finit par l'oublier, puis on s'en souvient à nouveau, tout en l'oubliant aussitôt : **Virginie Efira, Lio, Cécile de France, Maureen Dor, Lara Fabian, Jérémie Renier.**

Ceux dont on sait qu'ils sont belges, mais comme ils sont aussi italiens ou siciliens, on préfère leur parler de ça : **Adamo, Frédéric François, Frank Michael.**

Ceux dont on sait qu'ils sont belges, mais qu'on n'embête pas avec ça parce que ce sont des personnages de bandes dessinées : **Spirou & Fantasio, Boule & Bill, Bob & Bobette, Gaston Lagaffe, les Schtroumpfs, le Chat, Largo Winch, XIII**.

Ceux qui n'ont plus accordé une interview depuis des années, mais qui continuent à incarner la Belgique : **Jacques Brel** (excusé), **Eddy Merckx**.

Celle dont on se plaît toujours à préciser qu'elle est belge comme si c'était un scoop, alors que tout le monde le sait : **Christine Ockrent.**

Celle à qui on demande toujours *en quoi* elle se sent belge : **Amélie Nothomb.**

Ceux dont il est impossible d'oublier qu'ils sont belges : **Jean-Claude Van Damme, Arno, Noël Godin** (l'Entarteur).

Ceux dont personne n'a jamais imaginé qu'ils puissent être autre chose que belges : **Franquin, Roba, Peyo, Hergé.**

QUIZZ

Arrivés au bout de ce quatrième chapitre, vérifions à présent si vous en avez bien intégré toutes les données.

Êtes-vous en mesure de répondre aux 10 questions suivantes ?

1° Que signifie le mot gaulois «*bolga*» (ou «*bulga*»), qui serait à l'origine du mot «belge» ?

a/ sac de cuir.

b/ pantalon en cuir.

Nous sommes bien d'accord, les deux seraient ridicules, mais il se trouve que la bonne réponse est a. *C'est là qu'on se dit que les linguistes peuvent faire très fort. Comment peuvent-ils savoir ça ? Et comment disait-on «yaourt bulgare» chez les Étrusques, au fond ?*

Enfin, ça aurait pu être pire : «bolga» *aurait pu signifier «sac en plastique».*

2° Sachant qu'Enghien est une commune située en territoire wallon, mais que son cimetière se trouve en Flandre ; sachant par ailleurs qu'un cimetière dépend forcément de la commune à laquelle il est rattaché, le cimetière d'Enghien doit-il obéir aux normes flamandes, ou aux normes wallonnes ?

a/ il faut voir.

b/ personne n'en sait rien.

Les deux réponses sont possibles.

3° Sachant que la caserne des pompiers d'Enghien est traversée par la frontière linguistique (un tiers des bâtiments se trouve en Wallonie, deux tiers en Flandre) ; sachant par ailleurs que la caserne est entourée de maisons situées en Flandre, à quelle situation croquignolette en arrive-t-on ?

a/ les pompiers d'Enghien ne peuvent légalement s'attaquer qu'aux feux francophones.

b/ si les habitants des maisons flamandes autour de la caserne appellent les pompiers, ils tombent sur la caserne de Tollembeek, située vingt-cinq kilomètres plus loin.

La bonne réponse est... b. *(Quoique cette réponse* b *implique que la réponse* a *soit bonne également.)*

4° D'après bien des historiens, quelle langue parlaient les ouvriers et paysans flamands qui assassinèrent des seigneurs français le 11 juillet 1302 (événement qui marque aujourd'hui la fête nationale flamande) ?

a/ des dialectes qui n'avaient pas grand-chose (pour ne pas dire rien) à voir avec le flamand actuel.

b/ le roumain.

Devinez !

5° Quelle est la devise wallonne ?

a/ il n'y en a pas.

b/ « Et sinon, quelles bonnes nouvelles les gars ? »

La bonne réponse est a.

6° Quelle est la date à laquelle la version officielle de *La Brabançonne* fut arrêtée ?
a/ jamais, car il n'existe à ce jour aucune version officielle de *La Brabançonne.*
b/ le 11/11/1911.

La réponse est a. *(Seule, je le rappelle, la quatrième strophe de* La Brabançonne *est officielle.)*

(Quitte à indiquer une fausse date dans la proposition b, *j'en ai pris une un peu gag.)*

7° De quand date la circulaire du ministère de l'Intérieur qui décrète que seule la quatrième strophe de *La Brabançonne* est officielle ?
a/ aucune idée.
b/ le 8 août 1921.

Comme la question était difficile, je vous ai facilité la tâche.

8° Quelle est la nationalité de Johnny Hallyday, Pierre Arditi, Jacques Higelin et feu Raymond Devos ?
a/ française.
b/ belge.

La bonne réponse est... a.

9° Lorsqu'elle fut envahie par l'Allemagne en 1914, la Belgique était pourtant neutre. À quoi sert-il donc de se déclarer neutre, si c'est de toute façon pour être envahi ?
a/ excellente question.
b/ manifestement pas à grand-chose.

Les deux réponses sont bonnes.

10° Quel est le vilain qui a dit ceci en 1854 : « Je trouverais bon que la Belgique soit envahie par la France, conquise par elle, et gardée comme faisant partie de la France » ?

a/ Victor Hugo.

b/ Léopold Ier.

Ici, il y a une astuce, car les deux auraient pu le dire, mais le lecteur avisé sait déjà que la bonne réponse est la a.

Résultats du quizz

Si vous avez pu répondre à plus de 8 questions sur 10, vous venez de passer avec succès la quatrième étape pour devenir belge. Congratulations. On progresse. Allez, on y retourne.

Leçon n° 5 :

SACHEZ QUOI DIRE ET COMMENT VOUS COMPORTER EN TOUTE CIRCONSTANCE

OÙ L'ON APPREND À SE FONDRE DANS LA VIE QUOTIDIENNE DU BELGE, À ACQUÉRIR SES HABITUDES, À ADOPTER SES RÉFLEXES ET MÊME À PÉNÉTRER DANS SA SPHÈRE MENTALE

Pour présenter la Belgique, en général on fait des listes de tout. Des listes d'auteurs de bandes dessinées, des listes de chocolats, des listes de bières, des listes de fromages, des listes d'artistes «en vogue à Paris». Et puis, on passe à une espèce de discours théorique incompréhensible sur l'identité qui n'en est pas une, et enfin on balance quelques recettes de cuisine.

Passons toutes ces étapes pour donner quelques conseils d'intégration à l'aspirant belge ; voici donc, cher lecteur, une série de trucs pour devenir belge ! Quelques conseils généraux, tout d'abord.

Comment avoir l'air belge : 12 attitudes de base

1. Assurer votre maison, assurer votre jardin, assurer votre auto, assurer votre équipement électroménager, assurer vos meubles de jardin, assurer vos couteaux et vos

fourchettes ; bref, vous assurer contre tout, « parce que tu comprends, on ne sait jamais ». Ne pas prendre de risques.

2. Ne surtout pas connaître votre hymne national ; ce serait du dernier mauvais goût. Les paroles, n'en parlons pas. La mélodie, éviter dans la mesure du possible.

3. Prendre à votre propre compte les compliments sur Tintin, Spirou, Gaston Lagaffe, les Schtroumpfs, Boule et Bill ou Lucky Luke, comme si vous en étiez les coauteurs. Vous verrez, c'est assez fascinant : quand vous êtes belge, on vous félicite personnellement pour ces œuvres. Vous contenter de sourire et de convenir que, effectivement, c'est chouette.

4. De la même manière, accepter avec enthousiasme les compliments sur Philippe Geluck, Benoît Poelvoorde, François Damiens ou Cécile de France comme s'ils étaient vos amis personnels, comme si vous les croisiez quotidiennement.

5. Bien insister sur le fait que le cinéma belge n'est pas *que* déprimant. Citer les frères Dardenne, comme il se doit ; connaître le titre *Rosetta*, même si on ne l'a pas vu. Rappeler, à propos des frères Dardenne, qu'ils ont été deux fois lauréats de la Palme d'Or à Cannes (quand même). Ne pas omettre non plus *Toto le héros*, de Jaco Van Dormael. Plus quelques Poelvoorde, et avec ça vous êtes bon.

6. Complimenter vos compatriotes sur leur habitation. Vous ne pourriez leur faire plus plaisir. Attention : en France on parle de « pavillon », en Belgique de « quatre façades ». La quatre-façades, ou le *summum* de l'ascension sociale. À la limite, une trois-façades peut passer. Ou alors, une maison dans un quartier « en pleine expansion », c'est-

à-dire une maison achetée dans un quartier pauvre en espérant qu'il devienne riche.

7. Toujours dire que vous avez fait de bonnes affaires immobilières. Vous en targuer impérativement. Vous réjouir de vos juteuses plus-values, même si vous n'en avez fait aucune.

8. La veille de toute élection, ne pas manquer de dire à tous vos amis que vous ne savez pas pour qui vous allez voter. Ils vous diront en retour qu'eux non plus. Leur demander, en désespoir de cause, s'ils ont une idée de pour qui il faut voter. Eux vous demanderont alors si vous, vous avez une idée. Et voilà, la discussion politique s'arrêtera là.

9. S'étonner que le gouvernement tienne toujours (s'il tient toujours). Le reste du temps, s'étonner mollement que même sans gouvernement, les affaires tournent, et que la guerre civile ne soit pas à nos portes.

10. Convenir que la Belgique est un plat pays, alors que c'est faux : la Wallonie est vallonnée, et il y a bien d'autres pays autrement plus plats. Mais bon, Brel (alias « le Grand Jacques ») l'a dit, alors c'est vrai.

11. Avoir votre avis sur le grand débat qui secoue le pays depuis la nuit des temps : la mer, ou les Ardennes ? Les opposants à la mer disent qu'on s'y entasse en été, et qu'ils n'aiment pas le sable ; les opposants aux Ardennes disent que tous ces sapins sont déprimants, surtout quand il pleut. Voilà. Le débat, en général, se résume en ces termes : « moi, je préfère la mer », et « moi, je préfère les Ardennes ». Parfois, des esprits plus subtils se risquent à dire : « Moi, j'aime la mer *et* les Ardennes. » Ce qui clôt le débat. Éventuellement noter qu'aux beaux jours il y a autant de francophones à

Knokke-le-Zoute[1] que de néerlandophones à Spa[2], pour dire quelque chose. À propos de la mer, convenir que les promoteurs immobiliers n'y sont « pas allés de main morte » sur le littoral belge.

12. Si par hasard vous vous retrouvez à traverser la Belgique en longueur, des Ardennes jusqu'à la mer, ne pas manquer de dire après une heure de route : « Ce n'est pas si petit que ça, finalement, ce pays. » Et ne surtout pas oublier de faire des pauses le long de l'autoroute pour tout trajet excédant les cent kilomètres.

Comment évoquer avec maestria la question linguistique : 5 principes fondamentaux

1. Quand on vous demande de faire un petit topo linguistique sur la Belgique, n'oubliez surtout pas d'oublier les germanophones[3]. C'est capital. Si les germanophones vous viennent spontanément à l'esprit, c'est que vous n'êtes pas un vrai Belge. Vous devez donc toujours dire, concentrez-vous bien : « Alors, dans mon pays, il y a les francophones, les néerlandophones… Ah, oui ! Et aussi, *j'oubliais* : il y a les germanophones. »

2. N'oubliez pas non plus de ne rien savoir sur le germanophones : n'en connaître aucun ; ignorer le nom de leur

1. En Flandre.
2. En Wallonie.
3. La Communauté germanophone (de langue allemande) est une entité fédérée belge située à l'est du territoire. Sa superficie est de 854 km² ; elle compte 76000 habitants.

ministre-président, avoir une vague idée de quand ils furent accolés à la Belgique, genre vers 14-18, par là (amusant, au passage, comme les germanophones ne posent aucun problème, dans ce pays : ils sont super relax, et ont l'air plutôt ravis d'être belges. Je me permets donc, ici, de les remercier officiellement, car si en plus une majorité de germanophones voulait redevenir allemands, ce pays, de juste « compliqué », en deviendrait carrément *conceptuel*).

3. Toujours dire du bien des Flamands. Vous indigner – c'est impératif – de toute critique à leur égard. Bien préciser qu'il ne faut pas faire d'amalgame entre les Flamands et certains extrémistes, que d'ailleurs – c'est votre scoop personnel – la plupart des Flamands n'aiment pas. Préciser que votre cousine sort avec un Flamand (même si ce n'est pas vrai, parce que ça fait toujours bien), et que c'est un type charmant, « qui d'ailleurs parle très bien français ».

4. En évoquant la question du bilinguisme, vous indigner de la situation, quel que soit votre point de vue. Y aller d'un bon vieux : « C'est quand même ubuesque, hein, cette situation » (« ubuesque » est en effet un terme très en vogue en Belgique, même si personne ne sait ce que ça veut dire).

5. Dire dans la foulée (au moins une fois par jour) : « C'est quand même n'importe quoi, ce pays. »

COMMENT S'OCCUPER COMME UN BELGE : 9 COMPORTEMENTS DE BASE[1]

1. Une des activités principales, durant le week-end, consiste à ranger sa maison. Jamais vu un peuple qui rangeait

1. Pourquoi 9 ? Parce que je n'en ai pas trouvé de dixième.

autant sa maison. Comment trouve-t-on encore des trucs à ranger ? La cave, le grenier, le salon, la salle à manger : il faut ranger, ranger, encore ranger. « Faut vraiment que je range. » « Je suis content, j'ai tout bien rangé. » Après ça, il faut aussi ranger ses papiers. Ranger les meubles du jardin. Ranger tout ce qu'on trouve. Le chien, la femme, les enfants. Ranger.

2. Chiner. Le Belge chine. Il va à la brocante. Il revend. Il rachète. Il retape. Il va à des marchés de fruits, de légumes, de fleurs, de Noël. Il trouve des bons plans. Des bons plans pour tout : pour les vacances, pour le mobilier, pour des bagnoles d'occasion. Le Belge trouve des occasions. « C'est une occasion. » « Je ne pouvais pas laisser passer l'occasion. » « T'as vu ma nouvelle bagnole ? Je l'aie eue d'occasion. »

3. Se plaindre du temps (J'insiste).

4. Se plaindre du fait qu'il fasse trop chaud dans la véranda en été et trop froid le reste du temps.

5. Chercher un bon plombier (ça se fait aussi dans d'autres pays, mais en Belgique, c'est quasi une obsession).

6. Dire « oh non, pas lui ! » chaque fois qu'on voit un homme politique à la télé.

7. Aller voir sur Immoweb, le site de référence en matière d'immobilier, « juste par curiosité ».

8. Ne jamais sortir le dimanche soir.

9. Se méfier. Quel que soit le sujet. (« On ne me la fait pas, à moi, t'sé. »)

COMMENT PARLER COMME UN BELGE : QUELQUES FORMULES À MAÎTRISER

L'expression fétiche du Belge : « Franchement, c'est du foutage de gueule. » On emploie cette formule pour parler des tensions linguistiques (« c'est vraiment du foutage de gueule »), mais aussi des files dans les supermarchés (« c'est vraiment du foutage de gueule »), des impôts (« c'est vraiment du foutage de gueule »), des trains en retard (« c'est vraiment du foutage de gueule »), des mauvais spectacles (« c'est vraiment du foutage de gueule »), et surtout… du temps. « Franchement, ce temps, c'est du foutage de gueule. »

Deux autres expressions fétiches : après avoir vu un spectacle, une exposition, un concert, dire : « C'est pas mal, *mais j'ai quand même un petit bémol.* » Le Belge se doit d'avoir un *petit bémol.* (Le Belge « n'aurait pas fait ça comme ça ».) Et puis, tout est *sport national* en Belgique : l'excès de vitesse, « sport national » ; la fraude fiscale, « sport national » ; les magouilles, « sport national » ; le travail au noir, « sport national » ; le népotisme, « sport national » ; les passe-droits, « sport national ».

Un petit condensé : on abordera plus loin le vocabulaire et les accents belges (patience !), mais exposons d'ores et déjà l'état d'esprit du Belge par le biais de certaines de ses formules fétiches.

Pour ce faire, imaginons un Belge sur son lit de mort, qui se repasserait toute sa vie en boucle avant de faire le grand saut et qui se remémorerait toutes les phrases prononcées depuis sa naissance, dans un état de semi-inconscience fiévreuse. Une succession de réminiscences, surgies par bribes…

– Il faudrait vraiment que *le politique* se rende compte, et trouve de vraies solutions.

– C'est quand même un peu la honte, ce pays.

– Tout ça, c'est un truc de politiciens, les gens ne sont pas d'accord avec ça !

– Allez… chose, là, le ministre de truc, comment il s'appelle, encore…

– Quand tu penses que ce pâle type est ministre…

– Franchement, quand je vois tout ce cirque je crois que je vais devenir bouddhiste… Il dit pas que des conneries, t'sé, le dalaï lama.

L'infirmière lui apporterait des calmants, mais le délire reprendrait aussitôt, cruel, ininterrompu…

– C'est quand même pas possible, ce temps !

– C'est de la neige, mais ça fond tout de suite ; ça risque tantôt de se transformer en pluie verglacée…

– Une piscine, pourquoi pas… En même temps, comme il fait beau quinze jours par an en Belgique, et quand tu vois le prix…

Puis il deviendrait encore plus confus :

– À peine atterri là-bas, c'était dépaysement total, fieu !

– On a passé quinze jours à la mer en juillet : un rideau de pluie du matin au soir, mon vieux !

Et ça finirait par partir dans tous les sens, dans une sorte de logorrhée sans queue ni tête :

– J'ai eu le type de l'administration fiscale au téléphone, il m'a dit qu'il allait voir.

– On a introduit le dossier, on attend une réponse.

– J'ai un cousin qui est entrepreneur ; il travaille super bien, si tu veux je te file son G[1].

Enfin, le dernier soupir approchant, dans un ultime regain d'énergie :

– Encore des travaux ! Mais c'est pas vrai !

Et puis, la fin. Cruelle et implacable.

COMMENT ÊTRE UN VRAI BELGE : QUATRE CHOSES À SAVOIR

1. En général, même s'il s'en fout un peu, le Belge a de la sympathie pour la personne du roi (et – en option – du respect pour l'institution).

2. La Belgique est un pays de tradition catholique. Il n'y a personne à l'église le dimanche, mais les églises sont bourrées pour les enterrements.

3. Baigner dans une certaine ambiance :

- Rues vides et les rideaux fermés. (C'est fou ce qu'il y a comme rideaux fermés, dans ce pays. Et des petites fenêtres. Comme si on ne voulait pas s'habituer au soleil, pour ne pas être déçu quand il disparaît.)
- La grisaille.
- La paperasse.
- Le bruit des essuie-glaces.

1. GSM. Autrement dit : « Je te file son numéro de portable. »

4. Et surtout, un jour ou l'autre, être :

– Coincé dans le Thalys.
– Coincé dans les embouteillages.
– Coincé dans une réunion.
– Coincé à la caisse, au Delhaize.

LE BELGE ET LES TRANSPORTS : DIX-HUIT CHOSES À SAVOIR OU À PRATIQUER

1. Prendre toujours très à cœur les problèmes de circulation :

2. Se plaindre de l'état des routes. (« Tchosse, mais c'est pas possible, tous ces nids-de-poule ! Qu'est-ce qu'ils attendent pour réparer ça ? Les élections, évidemment ! »)

3. Pester contre son assurance auto. (« Mais c'est pas vrai, ça a encore augmenté ! Je vais te dire : à ce stade-ci, c'est du racket. »)

4. Toujours être coincé dans les embouteillages, râler contre les transports en commun, rigoler du RER dont les travaux n'en finissent pas, convenir qu'à Bruxelles « il y a un vrai problème de circulation ».

5. Convenir qu'il faut un « plan global de mobilité ».

6. Si vous voulez énerver – à coup sûr – un Belge au volant, respectez le code de la route. Dans les agglomérations, où la limitation de vitesse est fixée à 50 km/h, essayez seulement de rouler à 50 km/h ! « Cet imbécile qui respecte les limitations de vitesse ! »

7. Les *navetteurs* sont des gens qui habitent hors de Bruxelles, qui tous les jours viennent travailler à Bruxelles, et qui tous les jours se plaignent des embouteillages.

8. La bande centrale de la plupart des autoroutes belges est boisée. Ce qui est une bonne chose : il y a tellement d'autoroutes qu'on n'allait pas laisser les bandes centrales à l'état brut ! (À ceux qui seraient tentés de demander : « Mais au fond, pourquoi une bande centrale ? », je réponds : « Très bonne question. »)

9. En ville, dès qu'il pleut, plus rien ne roule. Mais le Belge est philosophe : « Ah ben c'est normal, qu'est-ce que tu veux : il pleut. » Une réflexion qui ne laisse pas d'intriguer, vu qu'il pleut à peu près tout le temps.

10. Il y a plusieurs manières de se suicider, en Belgique. Tenter de rouler à vélo sur les pistes cyclables, par exemple. Ou respecter les limitations de vitesse sur la bande de gauche de l'autoroute.

11. Le temps de trajet moyen domicile-travail en Belgique est un des plus longs du monde[1]. La mobilité est si mauvaise qu'on raconte parfois que se rendre à Paris à partir de Bruxelles prend moins de temps que se rendre à Bruxelles à partir du Brabant wallon. Mais là encore, chaque fois qu'il se retrouve dans un embouteillage, le Belge râle avec le même entrain, comme si c'était invraisemblable, en y allant de son fameux : « Rhooô, mais c'est pas vrai ! »

---

1. Belgique, terre d'automobiles. 55 % des Belges prennent leur voiture pour aller travailler (quand même !), tandis que seulement 20 % empruntent les transports en commun (on ne saurait trop leur en vouloir, car il y a parfois si peu de trams qu'en louper un vous bousille toute votre journée). Sachez également (et puis j'arrête) que 11 % des travailleurs se rendent au travail en vélo ou à pied, et que (la révélation ultime – un chiffre dont je suis très fier) 44 % des automobilistes parcourent plus de 15 000 km par an.

12. Inutile de stresser si vous loupez une sortie d'autoroute ; la prochaine est en général à moins de cent mètres. Une grosse angoisse en moins, donc, pour qui visite la Belgique : tant que vous restez sur le territoire du royaume, vous ne serez jamais à plus de quelques mètres de la civilisation[1].

13. Vous ne perdrez jamais de temps si vous vous trompez de sortie d'autoroute, car les urbanistes s'en sont donné à cœur joie pour vous aider, comme s'ils avaient espéré secrètement que vous vous perdiez, rien que pour avoir la chance de pouvoir vous tirer d'affaire : ils ont construit tant de routes, de grand-routes, de routes de rechange, de bretelles, de bandes d'urgence et d'itinéraires-bis, que jamais vous ne sentirez le doux vent de l'aventure souffler sur votre nuque. Si vous vous retrouvez sur un sentier boueux ou sur un chemin de terre, vous êtes vraiment très, très fort. Jamais, vous n'aurez la griserie d'une route sans fin ; jamais, d'ambiance *Bagdad Café*. Mais toujours, encore et inlassablement, cette maudite possibilité de retrouver votre chemin.

14. Clou de votre cercueil : quand bien même un fâcheux aurait-il eu la mauvaise idée de saboter une pancarte (en barbouillant par exemple de peinture le nom francophone de la ville, ou de la rue), que là aussi vous vous retrouveriez tout de suite, car le Belge n'aime rien tant qu'indiquer le chemin. Ne demandez jamais votre chemin à un Belge : non seulement il vous le donnera, mais en plus il le fera avec excès de zèle : il se fera un devoir moral de préciser les plus menus détails du chemin. Parfois même avec des rajouts superflus : « Vous verrez, à main droite après le rond-point vous allez apercevoir une pompe à essence Esso. Eh bien, c'est pas du tout là. »

---

1. D'autant que la densité de la population est l'une des plus élevées au monde, avec 360 habitants au kilomètre carré.

15. Les autoroutes belges sont une institution : vous n'avez que ça. Avec des échangeurs, mes amis, qui vous hissent la civilisation routière au firmament de tout ce que l'esprit humain a pu créer de plus brillant. Et sans péage, en plus !

16. Le réseau routier belge compte quasi cinq kilomètres de routes par kilomètre carré, ce qui donne 152 000 km de routes au total. Pas mal[1] !

17. La Belgique, le pays des aires d'autoroute, avec des promotions sur les boulettes de viande (c'est toujours sur les boulettes de viande qu'il y a des promotions, jamais sur les frites).

18. La Belgique, qui s'est longtemps targuée d'être visible de l'espace parce que ses autoroutes étaient éclairées. Mais maintenant elles ne le sont plus, parce que ça coûtait trop cher. Et en fait, les Belges s'en foutent ; c'est juste triste pour les cosmonautes.

ET POUR FINIR : QUATRE PRÉCISIONS IMPORTANTES

1. La Belgique est un pays de clôtures. Tout est y délimité, approprié, possédé, marqué. Marchez n'importe où, vous tomberez sur une pancarte dans les deux minutes. Faites l'expérience : il doit y avoir une pancarte ou une clôture tous les vingt mètres. Comme si décidément une entité supérieure vivait dans la psychose que vous vous perdiez. La Belgique est en somme un pays qui ne sait plus bien où il en est, mais qui tient absolument à ce que vous sachiez où vous êtes.

---

1. Ce « Pas mal ! » est une valeur personnelle ajoutée à ce point 16 (en tant qu'auteur de l'ouvrage, je ne pouvais pas laisser cette information sans commentaire).

2. Belgique, pays des pancartes ridicules. La mesquinerie belge. Il y a toujours un puriste pour indiquer « Propriété privée » à l'entrée d'un petit bois ou d'un bosquet minable. Comme si on allait le lui voler.

3. En plus, ces pancartes sont moches, car en général elles prêtent le flanc à des polémiques linguistiques : très souvent, elles sont vandalisées à la peinture blanche, pour – selon le cas – franciser ou flamandiser le mot. Étonnante habitude, soit dit en passant, qui consiste à faire toujours ça avec de la peinture ; non seulement c'est moche, mais en plus on voit que c'est un changement tronqué : ça ne fait pas illusion une seule seconde ! Pourquoi ne pas travestir la plaque ou la pancarte dans les formes, histoire de vraiment tromper le chaland ? Ou, au moins, faire ça un peu proprement ?

4. Ah oui, une dernière précision : vu que la Communauté germanophone se situe (on l'a vu) en Région wallonne, les indications routières y sont bilingues… mais en allemand et en français, pas en flamand. Forcément.

Petit jeu interactif

Amusons-nous ensemble : nous sommes un militant de la cause linguistique, et nous avons décidé de saboter la pancarte *Rue des Bégonias straat*[1]. Qu'allez-vous barrer ?

– Le « Rue des » (pour ne laisser que *Bégonias straat*) ?

– Le « straat » (pour ne laisser que *Rue des Bégonias*) ?

– Ou au fond carrément barrer le mot « Bégonias », pour qui n'aimerait pas les bégonias ?

1. *Straat* voulant dire « rue », donc. Avec une pensée émue pour cet auteur de polars marseillais qui raconte qu'un de ces personnages

AH, SI, ENCORE UNE DERNIÈRE CHOSE : QUELQUES CHOUETTES CHIFFRES À RETENIR PAR CŒUR

1. Le citoyen belge a la carrière la plus courte d'Europe : selon le rapport européen « *Pension Adequacy* », le travailleur belge moyen travaille et cotise trente-deux ans et demi. (Bon à savoir.)

2. D'après l'OCDE (l'Organisation de coopération et de développement économiques), les Belges sont plus satisfaits de leur vie que la plupart des citoyens européens. En Belgique, en effet, 74 % des personnes interrogées disent vivre plus d'expériences positives que négatives au cours de leur journée. Pas mal ! Cela dit, la moyenne des autres pays, c'est… 72 %. Soit. Ne boudons pas notre plaisir.

3. Les Belges sont les Européens les plus stressés au boulot (selon le site de recrutement Stepstone, septembre 2011). Comme quoi, il ne faut pas se fier aux apparences..

4. La Belgique est le pays le moins cool au monde, d'après une enquête menée en 2011 par le site social Badoo[1]. (Moins cool que la Corée du Nord : c'est dire la rigueur du sondage !)

---

atterrit à Bruxelles à « l'aéroport de Luchthaven ». Alors que *luchthaven* signifie « aéroport » et que tout le monde sait que celui de Bruxelles s'appelle Zaventem. Et une autre pensée émue pour la compagnie aérienne belge Sabena, aujourd'hui disparue, dont les Anglo-Saxons se moquaient : « *Sabena ? Such a boring experience, never again.* »

1. L'enquête a été menée auprès de 30 000 utilisateurs d'une quinzaine de pays où ce réseau social est utilisé. Outre les USA, le Brésil et l'Espagne figurent sur les trois premières marches du podium des pays les plus « cool ».

5. Selon l'étude européenne Eurislam, commanditée par la Commission européenne et menée dans six pays dont la Belgique, une très large majorité (entre 56 % et 69 %, selon l'origine ex-yougoslave, marocaine ou pakistanaise) des musulmans sondés se disent fiers, voire très fiers, d'être belges. Comme quoi !

QUIZZ

Arrivés au bout de ce cinquième chapitre, vérifions à présent si vous en avez bien intégré toutes les données.

Êtes-vous en mesure de répondre aux 10 questions suivantes ?

1° Dans la première partie de ce chapitre, un certain nombre d'attitudes de base vous sont conseillées pour avoir l'air belge. Combien sont-elles ?

a/ 12.
b/ 10.

À ceux qui se plaindraient du caractère anecdotique de cette question, je rétorquerai que devenir belge suppose un certain effort de concentration, et que si vous lisez ce livre à la légère, vous ne mettez pas toutes les chances de votre côté pour atteindre votre but.

La bonne réponse est a.

2° Qu'est-il très important de ne pas connaître lorsqu'on est belge ?

a/ l'hymne national.
b/ le nom du prince héritier du Qatar.

La bonne réponse est a. *(Si vous connaissez le nom du prince héritier du Qatar, rien ne vous empêche de devenir belge.)*

3° Qu'est-ce que le Belge ne sait pas la veille de toute élection ?

a/ pour qui il va voter.

b/ où il a mis sa carte de convocation, « tchosse je l'avais laissée là, elle ne s'est tout de même pas envolée ».

Les deux réponses sont valables.

4° Que ne faut-il surtout pas oublier d'oublier quand on vous interroge sur les communautés linguistiques de Belgique ?

a/ la Communauté germanophone.

b/ ses clés.

La bonne réponse est a.

5° De quoi le Belge se doit-il de se plaindre au moins une fois par jour ?

a/ du temps.

b/ de l'état des routes.

Les deux réponses sont valables.

6° Dans l'exemple très cocasse livré au sein de ce chapitre, qui, selon le Belge, ne dit « pas que des conneries » ?

a/ le dalaï lama.

b/ Jean-Claude Van Damme.

La bonne réponse est a *(quoique* b *ne soit pas faux en théorie).*

7° L'info majeure de ce chapitre : 44 % des automobilistes parcourent plus de 15 000 km par an.

a/ vrai.

b/ faux.

La bonne réponse est… a*! (Il faut toujours bien lire les notes de bas de page.)*

8° Quelle est la meilleure manière de se suicider en Belgique ?

a/ rouler à vélo sur les pistes cyclables.

b/ parvenir à prononcer le nom de tous les ministres sans reprendre sa respiration.

La bonne réponse est a.

9° Sachant que la Communauté germanophone est installée en région wallonne, en quelles langues sont les pancartes routières dans les cantons de l'est ?

a/ en français et en allemand (pas en flamand).

b/ en ouzbek et en turkmène (pas en flamand).

La bonne réponse est a.

10° Qu'est-ce que le Belge se doit d'avoir lorsqu'il commente une pièce de théâtre, une exposition, un livre ou un disque ?

a/ un petit bémol.

b/ un léger bémol.

Les deux réponses sont valables.

RÉSULTATS DU QUIZZ

Si vous avez pu répondre à plus de 8 questions sur 10, vous venez de passer avec succès la cinquième étape pour devenir belge. Courage, on progresse ! On est déjà à la moitié !

Leçon n° 6 :

RÉPONDEZ DU TAC AU TAC AUX CLICHÉS

OÙ L'ON APPREND À GARDER SON CALME FACE À BON NOMBRE DE STÉRÉOTYPES PERPÉTUÉS PAR LES MÉDIAS ET À RÉPONDRE AVEC MAESTRIA À TOUTE QUESTION CONCERNANT LA BELGIQUE

À chaque évocation de la Belgique, ce sont les mêmes titres qui fleurissent en boucle dans les journaux, y compris français. Répertorions ensemble les plus grands classiques.

• Classique n° 1 : ENCORE UNE HISTOIRE BELGE !

Dès qu'il se passe un truc un peu foireux dans ce pays, on a droit à ce bête titre dans les journaux. En général, ça vise une histoire de scission absurde entre une partie francophone et une partie flamande, ou une anecdote qui ridiculise un Belge. Allez, une piquée au hasard (dépêche de novembre 2012).

Ça ressemble à une histoire belge, et pourtant c'est très sérieux. Les clés de cette prison de Louvain, en Belgique, ont été perdues. Les aumôniers de l'établissement ont égaré depuis une semaine un trousseau permettant d'ouvrir les portes de 180 cellules. Laurent Sempot, porte-parole de l'administration pénitentiaire belge : « Nous avons demandé à la direction d'investiguer, de faire un rapport sur ce qui a pu se passer, qui aurait eu la clé en dernier. »

Je suis d'accord, ce n'est pas mal, mais vous n'allez pas me faire croire que ça n'arrive pas ailleurs qu'en Belgique ! (Explication plausible : notre pays est si petit que n'importe quelle affaire insignifiante prend des proportions exagérées.)

Cela dit, parfois cette formule passe-partout est utilisée pour mentionner des trucs chouettes. Quand un artiste belge réussit bien à Paris, par exemple, on lit souvent : « C'est une belle histoire belge que celle de ce jeune comédien. »

Il arrive aussi – encore plus étonnant – que cette formule soit utilisée rien que parce qu'il est fait mention d'un Belge. Un article sur la vie de Godfried Danneels, par exemple, ancien primat de Belgique, titrait : « Une histoire belge ». De fait, dès qu'il se passe un truc en Belgique, c'est une histoire belge.

• Classique n° 2 : DIVORCE À LA BELGE

C'est le lieu commun journalistique ultime, à toute évocation des tensions linguistiques. (Il se suffit à lui-même, donc je passe tout de suite au suivant.)

• Classique n° 3 : BELGIQUE, ROYAUME DU NON-SENS

Le non-sens belge est la tarte à la crème resservie chaque jour. Pourtant, personnellement, dans ma vie quotidienne, je n'en repère nulle trace. Je serais même tenté de dire que la Belgique est un des pays les moins excentriques au monde : faites un tour le dimanche, rendez-vous n'importe où, croisez des gens, discutez ; vous verrez qu'il y a fort peu de doux dingues et d'originaux. On n'a même pas eu notre Coluche, ou notre Cicciolina, quelqu'un qui se serait présenté aux élections, rien !

Il se trouve simplement que le monde a décidé de braquer son attention sur les différentes manifestations du non-sens belge. En 2010, par exemple, au plus fort de la crise politique (la Belgique n'avait plus de gouvernement depuis des mois), Benoît Poelvoorde a appelé tous les Belges à ne plus se raser tant qu'ils n'auraient pas de gouvernement. Au plus fort de cette crise, une annonce sur e-Bay indiquait même la mise en vente de « La Belgique, un royaume en trois parties ». L'annonce précisait que le pays pouvait être acquis en un seul bloc, mais le vendeur le déconseillait ; la Flandre, Bruxelles et la Wallonie pouvaient donc chacune être vendues séparément, mais « en faisant attention à la dette de l'État qui devait encore être répartie », détaillait le vendeur. Mis en vente à un euro, le lot avait tout de même trouvé des preneurs prêts à débourser dix millions. Et parfois, ce sont les élus qui s'y mettent ; c'est ainsi que la sénatrice flamande Marleen Temmerman proposa aux femmes de son pays une grève du sexe, afin de faire pression sur les négociateurs.

Évidemment, ces initiatives sont marrantes, mais comment dire… il n'y en a jamais eu que trois ou quatre ! Il est donc surprenant qu'on en ait déduit, chaque fois, que « les Belges ont le sens de l'humour » ou que « les Belges rivalisent d'inventivité pour mettre un terme à la crise politique qui secoue leur pays ». Car non, ce n'est pas vrai ! Quelques esprits fertiles ont eu des idées originales, puis le Web faisant son office, elles ont acquis une certaine notoriété. C'est tout.

C'est comme ça pour pas mal de trucs. La Belgique, par exemple, détient une série de records assez poilants : celui du plus grand nombre de variétés de bières disponibles à la vente (il y en a 2004), du plus grand nombre de personnes tenant simultanément en équilibre sur leurs mains (399), de la plus grosse boule à facettes, du plus grand oreiller, de la plus grande course à l'envers, du plus long *strudel*, de la plus haute tour de sucre en morceaux, du plus long salami. En même temps, on ne s'en rend pas tellement compte au quotidien ; gageons par ailleurs que chaque pays peut se targuer de divers records du monde : il y a forcément, par définition, un pays où on a cuisiné la plus grosse omelette du monde, et un autre où un type a mangé la plus grosse quantité de *peanuts* ! Tous les pays du monde sont-ils surréalistes pour autant ? Bref, c'est l'éclairage porté sur la Belgique qui lui confère bien souvent cette apparence d'originalité.

• Classique n° 4 : BELGIQUE, ROYAUME DU SURRÉALISME

Étrange marotte de quelques intellectuels français qui, après avoir cité le peintre René Magritte (*Ceci n'est pas une pipe*) et trois aphorismes du poète Louis Scutenaire (*Se suicider ! Mais on passe sa vie à le faire !*) vous font le coup de la survivance du surréalisme en Belgique[1].

Soyons clair : l'auteur de ces lignes est le président, fondateur (et, à ce jour, unique membre) de la Ligue contre la légende du surréalisme belge (la LLSB). Mon combat, que je hisse fièrement sur l'autel de la conscience universelle, est le suivant : que l'on cesse, une bonne fois pour toutes, d'accoler mécaniquement le mot « surréalisme » à la Belgique.

1. Les plus cultivés sont même susceptibles de vous parler de Marcel Mariën, d'André Blavier et de la revue *Le Daily-Bul*.

J'affirme en effet que ce n'est plus, aujourd'hui, qu'un tic de langage, et que la Belgique n'a rien de surréaliste : elle est, au contraire, empêtrée dans un réel extrêmement terne, tout occupée à résoudre des problèmes logistiques, incapable de concevoir le monde autrement que par les balises les plus classiques et les plus éculées. Son seul combat, son unique projet : la recherche de solutions à une série de contrariétés. Bonjour le surréalisme ! Nulle inventivité particulière, nulle audace spécifique, pas la moindre vision un brin surprenante.

Moi qui vous parle, qui suis né et qui ai vécu quasi toute ma vie en Belgique, je vous clame que mon pays est tout à fait terre à terre, qu'il ne fait pas rêver, qu'il ne titille en rien l'imagination. Je ne lui en veux pas ; il me laisse m'exprimer, il accepte très bien la critique, et sans doute offre-t-il plus de canaux d'expression que la plupart des autres pays du monde. Bref, il présente maintes qualités, et je ne voudrais pas vivre ailleurs. Simplement, il n'est pas surréaliste.

Le fameux état d'esprit invoqué pour poser ce diagnostic n'est fondé que sur l'impression laissée par quelques artistes (très rares !) qui sont artificiellement érigés en porte-parole de leurs concitoyens. C'est tout. Mais dirait-on que les Américains sont tous gauchistes, au motif que Noam Chomsky est américain ?

• Classique n° 5 :
BELGIQUE, CARREFOUR DES CIVILISATIONS

On entend souvent que la Belgique se situe aux confluents de deux civilisations, la latine et la germanique. Moi je dis : ce serait quand même dingue que ce soit pile sur ce tout petit bout de terre que la latinité se disputerait justement à la germanité ! Quel hasard incroyable ! Personnellement, les seuls carrefours que je connaisse en Belgique sont ceux dont les feux rouges sont mal réglés. Donc, si l'on qualifie les rues de civilisations, alors oui, la Belgique est au carrefour des civilisations[1].

Que l'on s'entende bien : entre le Wallon et le Flamand, il y a bien évidemment des différences, mais je ne connais personne de sérieux qui dirait que ce sont deux civilisations différentes. Les Chinois et les Aztèques, d'accord, mais les Flamands et les Wallons ?

• Classique n° 6 : BELGIQUE, UN PETIT PAYS BIEN FRAGILE

Je dirais plutôt le contraire : la Belgique est vachement solide ! Résister à autant de tensions à la fois, il faut le faire. Peu de pays parviendraient à tenir le coup avec tellement d'ennuis sur le dos.

• Classique n° 7 : LA BELGIQUE, CE HASARD DE L'HISTOIRE

OK, il s'est agi, lors de sa création, d'un État tampon, créé de toutes pièces par les grandes puissances européennes, sauf que les choses ne sont pas si simples : effectivement,

---

1. Voici quelques données plus précises sur le carrefour des civilisations : la Belgique (latitude nord et longitude est) s'étend en latitude sur 2° ; 51°30' au point le plus au nord (Meerle) et 49°30' au point le plus au sud (Torgny). Elle compte moins de 4° en longitude ; 2°33' au point le plus à l'ouest (La Panne) et 6°24' au point le plus à l'est (Manderfeld). Le centre géographique de la Belgique se situe à Nil-Saint-Vincent (entité de Walhain), dans le Brabant wallon, à 50°38' de latitude nord et 4°40' de longitude est.

la Belgique est un hasard de l'Histoire, mais connaît-on un seul pays qui ne soit pas un hasard de l'Histoire ? La France, par exemple, serait-elle le couronnement d'un mouvement cosmique guidé par les forces d'un implacable destin ? Était-il écrit, à l'origine des origines, qu'elle aurait cette forme géographique précise ? L'histoire de France, comme celle de tout pays, ne fut que succession de hasards ! Si l'on remonte dans les siècles, on ne voit que batailles pour des conquêtes territoriales ; pour que la France ressemble à la France, il s'en est fallu de milliers de hasards successifs. Même chose pour la langue française : à écouter un Français, on croirait presque que sa langue est un idiome céleste ! Alors qu'il se trouve tout bêtement que les héritiers de telle peuplade sont parvenus à imposer leur dialecte aux autres en s'organisant mieux qu'eux, et puis voilà.

Ceci pour dire que la Belgique est un hasard de l'Histoire, certes, mais comme toute autre nation. Christophe Colomb aurait embarqué sur sa caravelle en 1493 plutôt qu'en 1492 ; un vent contraire l'aurait poussé cinq cents mètres plus au sud à son arrivée sur le nouveau continent ; il serait mort d'une indigestion de mauvaises moules pendant le trajet aller, qui sait ce qu'il serait advenu ?

Cela dit, il n'est guère utile de s'appesantir sur ce sujet : le Belge est assez peu piqué au vif par ce genre d'hypothèse ; si la Belgique est un hasard, il n'en sait rien, et pire que cela : il s'en fout. Jamais il ne lui viendrait à l'esprit de suggérer que ce qui devrait surtout surprendre, c'est que la France est (aussi) un accident de l'Histoire, mais qu'elle ne s'en rend pas compte.

Et puis, la Belgique n'est pas si disparate. Dans leurs histoires respectives, la Wallonie fut parfois germanique, et la

Flandre française[1]. Lors de la conscription de 1798, sur les 36000 conscrits belges, une partie suivit les Français, une autre les Anglais ; des Flamands suivirent des Français, des Wallons suivirent des Allemands.

Un ancien ministre-président de la Région wallonne porte un nom flamand (Van Cauwenberghe) ; Yves Leterme, chantre de l'identité flamande, a un père wallon et ne parlait pas le néerlandais jusqu'à l'âge de six ans ; Olivier Maingain, le leader des francophones militants, a une mère flamande ; Alexander De Croo, le leader libéral flamand, a une mère française ; Rudy Demotte, le ministre-président wallon, avait une mère flamande.

Puis surtout, au cours de leur histoire, jamais les Wallons et les Flamands ne se sont affrontés, pas la moindre guerre civile, pas le plus petit acte terroriste, pas de morts. Jamais ! En fait, c'est assez simple : il y a cent ans, les Belges ne parlaient quasiment que leur patois[2].

Encore mieux : sait-on qu'aux débuts de la Belgique, beaucoup de Flamands s'opposaient à l'emploi du néerlandais, car celui-ci était appelé le hollandais, et que la révolution

---

1. Il est en effet cocasse de noter que le comté de Flandre, au Moyen Âge, plus précisément au IXe siècle, était la partie septentrionale de la France, tandis que les autres provinces étaient sous la houlette de la Lotharingie (sise entre la France et la Germanie), et dès lors sous influence germanique suite à l'extinction de la lignée de Lothaire. Et puis, jusqu'en 1530, l'Escaut faisait la frontière entre le royaume de France et le Saint-Empire allemand, ce qui signifie que sur la rive gauche de l'Escaut, les Flamands étaient des Français, et que sur la rive droite les Brabançons, les Limbourgeois et l'ensemble des Wallons étaient des Allemands !

2. Les paysans flamands n'étaient donc pas moins bien lotis que les paysans wallons.

avait précisément pour but de se couper du joug hollandais ? Le hollandais était la langue des réformés protestants, tandis que la révolution belge était une révolution catholique. Plus croustillant encore : quelques années avant l'indépendance, en 1821, le conseil communal de Bruxelles avait demandé à Guillaume d'Orange que la rédaction des documents officiels en néerlandais soit accompagnée d'une version française, car le néerlandais écrit n'était pas compris en Flandre !

Ce ne fut que dans les années 1840 que l'on décida d'aligner les patois flamands sur la langue officielle hollandaise. Et puis, il faut rappeler que le mouvement flamand fut favorisé par l'État belge[1] pour créer une spécificité nationale et se différencier de la France[2].

---

1. On en a déjà parlé.

2. Tout ceci n'empêche évidemment pas les Flamands d'avoir de légitimes raisons d'en avoir gros sur la patate, pour les multiples avanies et vexations qu'ils eurent à subir. Le Liégeois Charles-François Soudain de Niederwerth écrivait par exemple, en 1857 : « Personne ne parviendra à nous convaincre qu'une langue qui s'est arrêtée au XVe siècle convienne à la société actuelle. Elle peut, à la rigueur, suffire à l'expression des sentiments naïfs, des idées primitives, et à la peinture des images simples et naturelles qui sont des éléments de la poésie et du roman ; elle peut fournir encore un certain contingent de phrases familières, de même que le patois wallon, à la composition des chansons, des ballades, des complaintes et des pièces destinées aux petits théâtres, parce que ces gens admettent des dictions vulgaires et triviales que les convenances et le goût excluent de la littérature sérieuse et de la bonne société ; mais quelle ne sera pas l'insuffisance de cette langue, lorsqu'il s'agira de la nomenclature immense des mots nécessaire à l'explication technique des doctrines, des sciences, des arts compliqués, répandus aujourd'hui dans le monde. »

Quatre infos en passant à propos des Flamands et des Wallons

Primo. Henri (rebaptisé Hendrick !) Conscience (on n'a pas – encore ? – traduit son nom de famille) est considéré comme un héros national en Flandre, pour avoir écrit *Leeuw van Vlaanderen* (Le Lion des Flandres), une fresque valorisant la langue néerlandaise. Il est, à cet égard, souvent présenté comme le porte-drapeau des flamingants opposés à l'État belge. Mais il se trouve que Conscience a participé activement à la révolution belge de 1830, qu'il a reçu une aide financière du roi Léopold Ier pour publier ses œuvres, et qu'il a eu droit à des funérailles nationales !

Secundo. Jusqu'en 1914, le mouvement nationaliste flamand était patriote et belge.

Tertio. La bataille des Éperons d'or, dont on a parlé plus haut, qui est à l'origine de la fête de la Communauté flamande (en tant que symbole de la lutte des populations flamandes contre l'envahisseur français), était complètement oubliée en 1830. C'est Léopold Ier qui l'a remise au goût du jour, dans une perspective (forcément) nationale : pour lui, elle symbolisait la lutte des Belges contre l'envahisseur français ! Ce n'est que plusieurs décennies plus tard que l'identité de l'envahisseur a changé dans les esprits.

Quarto. Jules Destrée, homme politique wallon souvent présenté comme l'un des porte-drapeaux des opposants à la Belgique pour avoir écrit en 1912 : « Sire, il n'y a pas de Belges. Vous régnez sur deux peuples : des Wallons et des Flamands », se reconvertit en grand patriote belge après la guerre de 14-18.

• Classique n° 8 : BELGIQUE, CE PAYS SANS AVENIR

Un mythe tenace veut que la Belgique disparaisse bientôt. C'est peut-être vrai (qui sait). Mais j'entends ça depuis que je suis né, et je n'en crois rien.

Parmi mille exemples, l'hebdomadaire *Le Vif-L'Express*[1] a publié, dans son édition du 18 mai 2012, un dossier intitulé *La France enterre la Belgique*. Et, de fait, un rapport de l'Assemblée nationale venait d'indiquer que « La Belgique est saisie par une dynamique de dissociation dont nul aujourd'hui ne peut discerner le point d'achèvement. (...) Nul ne saurait prétendre ranimer une âme belge qui n'apparaît plus que par éclipses[2] ».

Fort bien, mais enfin Talleyrand écrivait déjà en 1832 : « Les Belges ? Ils ne dureront pas. Ce n'est pas une nation, deux cents protocoles n'en feront jamais une nation. Cette Belgique ne sera jamais un pays, cela ne peut tenir. »

Le pays est perpétuellement présenté comme « au bord de l'éclatement ». C'est le lieu commun ultime sur la Belgique. Cette ambiance de fin de règne fait partie de l'ADN du royaume. En permanence « à la croisée des chemins ». Ah, le coup de la « croisée des chemins » ! (On

---

1. Édition locale de l'hebdomadaire *L'Express* qui, pour la petite histoire, appartient désormais au groupe belge Roularta. Ce dernier possède de nombreux titres en France, tels *Lire*, *Maisons Côté Sud* (et autres), *Studio Ciné Live*, etc.

2. Rapport d'information déposé en application de l'article 145 du règlement par la Commission des Affaires étrangères sur « La situation intérieure en Belgique », enregistré à la présidence de l'Assemblée nationale française le 15 février 2012 et présenté par MM. Robert Lecou et Jean-Pierre Kucheida, députés.

ne sait pas de quels chemins il s'agit, mais voilà, à leur jonction il y a une croisée, et c'est là que la Belgique se trouve.)

Une des preuves de cette conscience aiguë de la finitude de la Belgique est la formule, désormais rituelle, de « dernier Belgicain ». Toute personne qui lit un peu la presse belge peut avoir décompté, rien que ces dernières années, une bonne centaine de « derniers Belgicains ». *Belgicain* semble même être devenu synonyme de *dernier*. À l'évocation d'un groupe de partisans de la Belgique unie, il est de bon ton d'évoquer le « dernier carré », « l'ultime poignée », les quelques grognards fidèles à une cause perdue.

Et puis, combien de réunions de la « dernière chance » ce pauvre pays a-t-il connues dans toute son histoire ! Là aussi, on imagine la teneur des discussions dans les commissions, les conseils des ministres restreints, les conclaves budgétaires, les comités de sages, les rencontres au sommet entre présidents de partis : « Bon, maintenant ça ne peut plus durer. Il faut trouver une solution. Maintenant. Sans plus attendre. Sans tergiverser. Sans tourner autour du pot. Il faut des résultats. Résoudre ce qui ne va pas. S'en prendre aux sources du blocage. Sinon, ça ne va pas aller. On court à la catastrophe. Si on ne fait rien, rien ne se fera. Évidemment, reste maintenant à déterminer à quels problèmes il faut s'attaquer. Ouille. C'est peut-être là que les discussions vont patiner. Flûte. Pfff. Encore un problème. On ne s'en sortira jamais. »

UNE FIN QUI N'EN FINIT PAS

En l'état, que faut-il faire ? On ne sait pas bien ; par contre, une chose est certaine, c'est qu'il faut « redresser la barre » (une expression consacrée). Là-dessus, on est tous d'accord. Comment ? En prenant toutes les mesures qui s'imposent. Pourquoi ? Pour sortir de la crise. D'autres questions ?

Je pense que la grande caractéristique du Belge est que lui, au moins, a parfaitement intégré que son pays ne durerait pas des millénaires. C'est une évidence, bien sûr, puisqu'un pays est une création humaine, et que rien de ce qui est humain n'est immortel, mais on a l'impression (arrêtez-moi si je me trompe) qu'un Français n'a pas du tout intégré la « finitude » de son pays : ses discours, sa manière de penser semblent occulter cette indiscutable réalité. Le coup de la « France éternelle », par exemple, fait toujours se poiler les Belges. « La fin de la France » : qui donc oserait prononcer pareille formule ? Scandale, parjure, hérésie ! Par contre, la « fin de la Belgique » est la tarte à la crème dégustée chaque matin par les Belges au petit déjeuner.

Ce diagnostic est pourtant battu en brèche par pas mal d'éléments. La Belgique se croit plus fragile que le Royaume-Uni, alors que depuis 2007 les indépendantistes écossais sont la première force du Parlement autonome. La Belgique se croit plus fragile que le Canada, alors que lors du référendum sur la souveraineté du Québec en 1995, le « non » à l'indépendance ne l'emporta qu'avec un écart de 1,48 %. La Belgique se croit plus fragile que l'Italie, alors qu'entre 2001 et 2006 Berlusconi gouverna l'Italie à la tête d'une coalition comportant un parti ouvertement sécessionniste (la Ligue du Nord). La Belgique se croit plus fragile que la Suisse, alors qu'en Suisse la Sécurité sociale varie d'un canton à l'autre. La Belgique se croit plus fragile que l'Allemagne, alors que l'Allemagne a *dix-neuf* ministres de l'Éducation. La Belgique se croit plus fragile que l'Espagne, alors que l'Espagne compte sept langues officielles…

« CHEZ LES BELGES »

Et puis, il y a aussi les incontournables titres « jetables » : des titres téléphonés qui connaissent une heure de gloire furtive.

La polémique sur l'exil fiscal de Gérard Depardieu à la fin de l'année 2012 fut ainsi l'occasion d'un bon millier d'*Obélix chez les Belges*, allusion conjointe à l'album *Astérix chez les Belges* de Goscinny et Uderzo, et au rôle d'Obélix tenu par Depardieu au cinéma. Finesse, finesse ! (Je ne dis pas que l'idée était mauvaise, mais enfin, comme dit le sage : il ne faut pas abuser des bonnes choses.)

Ce « chez les Belges », au doux parfum de « chez les Schtroumpfs »…

FINESSES, LIEUX COMMUNS

Outre les titres de journaux, une série de finesses de rigueur :

– Toujours faire une blague à l'évocation de Cécile de France, en disant que c'est quand même dingue qu'elle soit belge avec un nom pareil (pointer l'ironie).

– Toujours dire d'un artiste belge qu'il est « complètement déjanté » (sinon, ça ne compte pas).

– Commencer toute interview d'un artiste belge par le bon vieux : « Décidément, les Belges, vous avez la cote, ces temps-ci ! » Car c'est comme ça : le Belge a la cote. Et le Belge est « en vogue » (expression pourtant désuète à l'évocation de tout autre sujet que le Belge).

– Préciser que le Belge *cultive* sa belgitude. Qu'il *assume* sa belgitude. Qu'il *revendique* sa belgitude. Même s'il n'a aucune idée de ce que signifie le concept même de « belgitude[1] ».

COMMENT PARLER DE LA BELGIQUE

Vous êtes devenu belge, et on vous demande de définir la Belgique. Mon pauvre ami, il va falloir vous creuser ! Si vous êtes français, vous balancez un « patrie des droits de l'homme », et avec ça vous êtes bon. Mais, si vous êtes belge : malédiction !

Cela dit, pas de panique : vous allez voir, vous pourrez y arriver, grâce au mini-lexique que je vous propose dès à présent. Il est le fruit de longues années d'analyses et de recoupements d'interviews d'artistes, et je ne saurais trop vous inviter à picorer dedans : ces gens s'expriment bien, en général, alors autant en profiter.

Dites : « Que vous soyez wallon ou flamand, pour moi cela ne fait pas de différence. » Ou alors, si vous parlez de différences, ne rentrez pas dans les détails ; parlez par

1. On y reviendra plus tard.

exemple d'une vague histoire de mentalité, puis passez à autre chose. Ne cherchez surtout pas à approfondir la question, je vous assure que vous courez au-devant des pires polémiques. Vous serez en effet obligé d'établir une échelle de valeurs (si vous dites que le Flamand est travailleur, vous sous-entendrez que le Wallon est paresseux ; si vous dites que le Wallon est sympa, vous sous-entendrez que le Flamand est antipathique ; bref : si je peux me permettre un petit conseil, ne rentrez pas là-dedans).

Dites : « Je n'ai aucune sympathie pour l'extrême droite nationaliste flamande, aucune. » Je cherche encore l'interview du type qui dira adorer l'extrême droite flamande : je vous jure, on dirait presque que même l'extrême droite flamande n'aime pas l'extrême droite flamande.

Dites un truc du genre : « Je n'ai aucun sentiment nationaliste, je m'intéresse à la beauté, et la beauté n'a pas de frontières. » C'est mieux, en effet, que de dire qu'on est dingue de frontières, que les frontières c'est trop génial, que d'ailleurs il faudrait construire des miradors un peu partout pour bien marquer les territoires.

Dites : « Mes racines culturelles sont belges, avec les artistes qui m'ont influencé. » Là encore, n'en dites pas plus, car sinon vous allez vous empêtrer sur le vieux et sempiternel débat : « Mais au fond, qu'est-ce que la culture belge ? » Contentez-vous de dire que vous avez des racines culturelles belges, en général on ne cherchera pas à en savoir davantage. Ce qu'il y a de bien avec la formule « racines culturelles », c'est que c'est flou, c'est vague, ça n'engage pas à grand-chose. D'autant que, quand on parle de « racines », c'est une manière de se détacher : on entend peu de « j'ai des racines françaises ». Les racines belges, c'est le truc pour montrer que vous ne reniez pas votre pays, mais que vous n'avez pas grand-chose à en dire.

Dites bien : « La Belgique a une imagination et un sens formidable de l'ironie. » Ou bien « La Belgique est une authentique œuvre d'art, et nous voulons qu'elle reste ainsi ». Ça ne veut rien dire, mais ça fait son petit effet.

Philosophe : « Être belge pour moi, ça veut dire être entre les choses, entre le nord et le sud, être un petit pays au milieu de grands, et le fait d'être *entre*, c'est aussi se montrer capable d'être ouvert. »

Fuyant : « Les Belges ne savent pas bien ce qu'ils sont, ni qui ils sont. » Compléter par « Il y a une belgicité très spécifique, que je ne pourrais pas vous définir ».

Nébuleux : « Être belge ? C'est un très léger décalage. »

Esquivant la question : « Je considère la Belgique comme une blague. »

Progressiste : « Malheureusement, il y a maintenant en Belgique des ultranationalistes qui veulent faire des plus petits pays encore que la Belgique, comme la Flandre ou la Wallonie, ce qui n'a aucun sens. Je crois beaucoup à l'Europe. »

Lapidaire : « Les Belges se foutent un peu de tout. »

Autodénigrant, mais avec le sourire : « Pour moi, les Belges ont toujours été un peu des bâtards en Europe. »

Géographe : « Nous sommes sur une zone sismique. »

Psychologue : « Nous avons une grande conscience de notre fragilité. »

Dénonciateur indigné : « Depuis toujours, les Belges ont su résoudre leurs problèmes ensemble, et soudain voilà des politiciens qui leur ont mis en tête que l'autre communauté est responsable de ses problèmes. Ces politiciens n'existent que par ces désaccords. » Variante : « Quand je voyage, j'ai honte de ce qui se passe en Belgique. Ce sont des petits esprits qui se disputent pour des choses nulles. »

Enthousiaste : « Ce que j'aime ici : on adore notre pays, mais personne n'est patriote. »

Fier de sa formule : « J'habite en Belgique et je sais que la Belgique n'existe pas. »

Optimiste : « Être belge, c'est ce sentiment agréable et joyeux de n'être rien, car on n'a rien à défendre, pas d'héritage culturel, historique. »

Anthropologue : « Il y a quelque chose de léger. C'est un peu bouddhiste. Je crois que la plus grande qualité des Belges c'est cette bonhomie et ce naturel. »

Généraliste : « Peut-on être complètement belge, uniquement belge ? Je ne le crois pas. Quand on est belge, on est aussi (par ordre alphabétique) bruxellois, flamand, germanophone ou wallon. »

Fier d'être modeste : « Les Belges se qualifient souvent de petits Belges. Je pense que c'est le seul pays au monde dont les habitants cultivent la modestie à ce point. »

Conceptuel : « Être belge est donc un état assez flou, mais solide, à ne pas confondre avec l'État belge, qui lui ne l'est pas. »

Incompréhensible : « Je ne pourrais pas cesser d'être belge. C'est une nationalité vague, une identité imprécise, mais ce vague et cette imprécision sont très particuliers : c'est une façon d'être particulière, vague et imprécise. »

ENCORE QUELQUES RECOMMANDATIONS

Si vous êtes vraiment à court d'inspiration, je livre encore quelques mots clés qui pourront être utiles :

- La Belgique « a ses qualités et ses défauts ».
- La Belgique « va exploser », « imploser », « éclater ».
- La Belgique « se fissure », « se disloque », « se liquéfie ».
- « Pauvre Belgique » (plaindre la Belgique).
- « J'ai mal à ma Belgique » (se plaindre soi-même).

DIRE DES TRUCS POSITIFS :

- « Ce phénomène complexe et irréductible qu'est la Belgique. »
- « Sa défiance viscérale à l'égard de toute forme d'autorité. »
- « Son art de vivre. »
- « Son sens du compromis. »
- La Belgique « regorge de talents ».
- Un pays « fier de sa diversité ».
- La Belgique, ce « laboratoire de l'Europe », « ce carrefour des civilisations », « ce creuset des différences culturelles ».

DIRE DES TRUCS DÉNIGRANTS :

- « État fantoche. »
- « Particratique. »
- « Lilliputien. »
- « Une union mort-née dès 1830. »

TIRER LA SONNETTE D'ALARME :

- Le citoyen belge « en a marre ».
- Le citoyen belge est « perdant sur tous les fronts ».
- Le citoyen belge est « pris en otage ».
- Le citoyen belge est « floué ».
- Évoquer « le mécontentement croissant de la population ».
- Dire : « Nos politiciens mènent la politique de l'autruche. »
- La dette est forcément « abyssale ».
- Préciser : « Le pays doit réagir, s'il ne veut pas être relégué aux poubelles de l'Histoire. »
- Proclamer : « L'heure des choix a sonné. »
- Évoquer les « vaines querelles politiciennes ».
- Attribuer un « bonnet d'âne pour la Belgique ».
- Souligner que le gouvernement « navigue à vue ».
- Juger les mesures prises par les pouvoirs publics « bien dérisoires, eu égard à la gravité de la situation ».
- Estimer que toutes les institutions « se vident de leur substance ».

– Préciser que tous les fleurons du pays « sont en train d'être démantelés[1] ».

S'ARRACHER LES CHEVEUX :

– « Un authentique casse-tête. »
– « Un véritable dialogue de sourds entre les communautés. »
– « Querelles de clochers. »
– « Irresponsabilité collective. »
– « Un fossé infranchissable. »
– « Le point de non-retour. »
– « Qui va payer ? »
– « Les Flamands n'accepteront jamais. »

USER DES DIVERSES FORMULES D'USAGE :

– « Fédéralisme inachevé. »
– « Pays inachevé. »
– « Réformes inachevées. »
– « Désordre institutionnel. »

1. Un fleuron belge se doit d'être démantelé. C'est obligatoire. Soit il est coupé en deux, soit il est racheté par un groupe étranger. En tout état de cause, il doit être démantelé. J'ai entendu ça toute ma vie : mon pays, une vaste histoire de démantèlement. Secteur de la bière, secteur du chocolat, secteur de l'aéronautique : tous démantelés ! Ou alors, si le fleuron n'est pas démantelé, il se doit d'être en faillite. Ou bien, il *va* faire faillite. À tout le moins, il est en grande difficulté. Ou si en dernière option il va bien, alors il s'agit à coup sûr du « dernier fleuron » de la Belgique.

Lancer des pistes :

– S'attaquer aux « véritables enjeux ».
– Réfléchir au « vivre ensemble ».

À ceux qui se plaindraient – ou se moqueraient – du *flou* de toutes ces formules, disons que grâce à elles, au moins, il y a encore moyen de parler de la Belgique !

QUIZZ

Arrivés au bout de ce sixième chapitre, vérifions à présent si vous en avez bien intégré toutes les données.

Êtes-vous en mesure de répondre aux 10 questions suivantes ?

1° Lors de la dernière crise gouvernementale, à quoi Benoît Poelvoorde a-t-il appelé les Belges pour mettre la pression sur les négociateurs ?
a/ à ne plus se raser.
b/ à se laisser pousser la barbe.

Bravo, vous avez trouvé la bonne réponse !

2° Toujours lors de cette dernière crise gouvernementale, à combien la Belgique trouva-t-elle acheteur sur e-Bay ?
a/ 1 euro symbolique.
b/ 10 millions d'euros.

La bonne réponse est b. *(Quand même !)*

3° La Belgique détient le record du monde du nombre de personnes tenant en équilibre sur leurs mains simultanément. Quel est donc ce nombre (de personnes tenant en équilibre sur leurs mains simultanément) ?
a/ 399.
b/ 400.

La bonne réponse est a. *(C'est trop bête : si près du but !)*

4° Lors de la conscription de 1798, qui les 36000 conscrits belges suivirent-ils ?

a/ une partie suivit les Français, une autre les Anglais ; certains Flamands suivirent les Français, et certains Wallons suivirent les Allemands.

b/ personne ne suivit personne, parce qu'ils avaient autre chose à faire.

La bonne réponse est a. *(Les pauvres n'avaient pas le choix.)*

5° Combien de conflits sanglants les Wallons et les Flamands connurent-ils entre eux dans leur histoire ?

a/ zéro.

b/ un nombre incalculable.

La réponse est, encore une fois, a.

6° Pour quelle raison le conseil communal de Bruxelles demanda-t-il en 1821 aux autorités hollandaises que la rédaction des documents officiels en néerlandais soit accompagnée d'une version française ?

a/ pour rigoler.

b/ parce que le néerlandais écrit n'était pas compris en Flandre.

La bonne réponse est b.

7° En 1832, qu'est-ce que Talleyrand disait que la Belgique ne serait jamais ?

a/ un pays.

b/ chinoise.

La bonne réponse est a.

8° Qu'est-ce qu'un artiste belge se doit immanquablement d'être ?
a/ déjanté.
b/ décalé.

Les deux réponses sont valables.

9° Qu'est-ce que le Belge a ?
a/ la cote.
b/ l'air sympa.

Là encore, les deux réponses sont valables.

10° De quoi le Belge est-il fier ?
a/ d'être belge.
b/ de ne pas être fier d'être belge.

Vous noterez la finesse. (La bonne réponse est b.*)*

Résultats du quizz

Si vous avez pu répondre à plus de 8 questions sur 10, vous venez de passer avec succès la sixième étape pour devenir belge. Félicitations. Quel parcours sans fautes ! (Vous rendrez hommage à cette pédagogie par l'encouragement.)

Leçon n° 7 :

DÉJOUEZ TOUTES LES PLATITUDES D'USAGE CONCERNANT L'ACCENT, LES BLAGUES ET LES FRITES

OÙ L'ON APPREND À TIRER LE MEILLEUR PARTI DE CES TROIS INCONTOURNABLES, SI ÉNERVANTS SOIENT-ILS

GUIDE DE PRONONCIATION

En Belgique, Bruxelles se prononce *Brusselle*. Pas « Bru*xx*elles ». Anvers se prononce *Anversse*. Pas « Anver ». Rembrandt se prononce *Rèmbrant*. Pas « Ran-Bran ». Wagon se prononce *ouagon*, pas « vagon ». Huit se prononce *ouit*, pas « uit ». Maastricht ne se prononce pas « Mastrichte », mais d'une manière inécrivable, qui ressemble à un éternuement, ou un accès de toux.

Bon, voilà, comme ça c'est fait. Il fallait bien que je mentionne la question, mais elle ouvre la voie à tant de digressions que je préfère m'arrêter là. Le sujet est trop compliqué. Songez qu'il y a des accents namurois, des accents liégeois, des accents ardennais. N'en déplaise aux comiques français qui sont persuadés d'imiter à merveille l'accent belge : c'est n'importe quoi. Alors je pourrais effectivement me pencher sur la question en profondeur, et comparer par exemple les intonations et les habitudes de langage d'une région à une autre, mais enfin, comment dire… on voit l'idée : dans telle région, on prononce « e » à la place d'« o », « i » à la place d'« e », et puis voilà.

Exercez-vous devant votre miroir

En fait, on confond souvent accent belge avec accent bruxellois[1]. Et sachant que l'accent wallon est lui-même très diversifié, tout au plus puis-je tâcher de déceler quelques grandes constantes parmi la flopée d'accents belges. Je réclame votre indulgence ; ceci n'est pas un exercice scientifique.

Maître d'école. Dites « mèèètr d'écol », pas « métreuh d'écooole ».

Pot de confiture. Dites « po de confiture », pas « peau de confiture ».

Les enfants. Dites « lèz enfants », pas « léz enfants ».

Ah, merde. Dites « ah, mert », pas « ah, merrdeuh ».

Ouah, la classe. Dites « ouah, la clââââz ! », pas « ouah, la class ! »

Oui. Dites « ou-i », pas « ui ».

Peine. Dites « pâân », pas « péneuh ».

Wallon. Dites « ouallon », pas « vallon ».

Bruxelles. « Dites Brusselle », pas « Bruxelle ».

Vingt. Dites « vint », pas « vin ».

Capable. Dites « capap », pas « capableuh ».

Monsieur Vanderboem. Dites « msieu vanne der boum », pas « meusieu van dèr boèm ».

---

1. L'accent bruxellois, bien connu des Français, est en fait du français prononcé avec un accent flamand, mais pas de la même manière qu'un flamand qui parlerait français avec un accent : il s'agit d'un accent flamand brabançon ; en même temps quand je vous dis ça, je ne vous dis rien, si vous ne voyez pas à quoi ressemble l'accent flamand brabançon.

GUIDE DES BELGICISMES

Le recensement de quelques formules typiques me semble toutefois de rigueur dans un livre consacré à la Belgique. Voici donc ma sélection spéciale (une sélection se doit d'être spéciale). Je n'ai pas tout retenu pour que ce ne soit pas trop bourratif, et il va sans dire (ma précision d'usage favorite) que cette sélection est purement arbitraire. Allez hop, on y va.

À s'n aise : formule toujours positive en Belgique, dénuée de toute connotation péjorative, qui signifie « à l'aise », et qui s'emploie le plus souvent dans le sens de «*pas de problème, dis*».

– Dis donc, ça te va si je te rembourse plutôt la semaine prochaine ?

– À s'n aise !

Dans cet exemple précis, si le créditeur n'est pas d'accord avec cette demande, il répondra plutôt par un laconique : «*Mais allez, fieu*» (formule de vive désapprobation). «Fieu» signifiant «fils» ou «vieux», dans le sens de «fiston» ou de «mon vieux». Ce qui nous amène au mot suivant.

Allez ! : interjection quasi permanente dans les rues belges. Exprime à la fois l'étonnement, l'encouragement, la désapprobation et l'approbation.

– Dis donc, je vais me marier.

– Allez !

Américain : ne désigne jamais un habitant des États-Unis, car pour ça on dit «*les gens, tu sais, là-bas, aux*

States» (prononcez «aux Stéïts»; variante: «aux Staz'nè» pour «aux États-Unis». Exemple: «*Tu sais que les gens, là-bas, aux States, ont des rapports complètement différents avec l'argent que chez nous*»). «Américain», en Belgique, désigne d'abord un hachis de bœuf cru mélangé avec des oignons, des épices, des œufs et des câpres. D'aucuns pourraient qualifier ce plat de «steak tartare», mais en Belgique ce mot est une hérésie, une insulte à la fierté gastronomique nationale, cette recette inventée par Joseph Niels (un Belge) en 1924. L'«*américain*» est toujours accompagné de son extension fidèle, la frite, pour constituer ensemble ce mythique assemblage de mots: le fameux, le légendaire «*américain frites*» belge. À moins qu'il ne soit consommé sur un sandwich (ou un «pistolet», qui est un petit pain rond), auquel cas on commande tout simplement «*un américain*».

Athénée: en Belgique, on ne va pas au collège, on passe directement de l'école primaire à l'athénée (réservé dans le temps aux garçons, avant la mixité) ou au lycée (réservé dans le temps aux filles). Six années de primaire, six années de secondaire (pas cinq d'un côté et sept de l'autre, et surtout pas de trucs compliqués comme première ou terminale). Il n'y a pas encore si longtemps, on ne passait pas le bac, mais «l'examen de maturité». En Belgique, on ne sèche pas les cours, on les «*brosse*». On ne révise pas, on «*bloque*», on fait son «*blocus*». On n'utilise pas des antisèches, mais des «*copions*». On n'a pas une heure de colle, mais de «*retenue*». On étudie un cours d'université grâce à un «*syllabus*», pas un photocopié…

Avoir bon: expression typiquement belge, qui désigne à la fois le fait de ressentir du plaisir (dans toutes les acceptions du terme) et le fait d'avoir bien répondu à un questionnaire.

– La capitale de l'Inde, c'est New Delhi ? C'est ça, j'ai bon ?

Dans la même optique, « avoir facile », qui se comprend aisément dans toute la merveille de son sens propre.

– Le pauvre, il n'a pas toujours eu facile.

– Oui mais toi tu as eu facile, on t'a aidé.

Ballekes : boulettes. « *Des ballekes sauce tomate.* » Tout est dans l'intonation. Bien appuyer sur le « b », prononcer le « a » très brièvement mais en y pointant l'accent tonique, et dire le « llekes » (prononcer « lekes ») plus en retenue. Bref : ne pas dire, comme seraient tentés de le faire les Français : « bèlleukeusse », mais bien « *balekes* ». (Extrêmement important.)

– Si on se faisait des ballekes, les gars ?

L'étymologie du mot est aisée à déterminer, dès lors qu'on sait que « ekes » est la formule consacrée du diminutif, à l'instar de « tje » : « *een frietje* », pour dire « une petite frite ».

Biesse : synonyme de « bête ».

– Mais non hein, biesse !

En option, en cas de vive désapprobation : « *grosse biesse* ». Le féminin étant d'une rigueur absolue. S'emploie le plus souvent en formule directe, en s'adressant directement à l'intéressé. On dit plus rarement : « *Celui-là, c'est vraiment une biesse, t'sé.* »

Caillant : très froid.

– Tcheu, fait caillant, ici !

« Tcheu » étant une évolution de « djeu », lui-même venant du « dieu » de « nom de Dieu[1] ». « *Fait* vraiment *caillant* », pour bien marquer le coup.

Carabistouille : une blague, une bêtise.

– Jean-Claude Van Damme raconte beaucoup de carabistouilles.

Clignoteur : clignotant. C'est bête, mais c'est comme ça. Ça aurait pu être l'inverse, mais voilà, ce n'est pas le cas. Dieu seul sait quels détours l'histoire de la langue a dû emprunter pour en arriver à ce genre de différence grotesque.

– Ah bon, vous dites clignoteur, vous ? Nous, on dit clignotant.

– Allez ? Vous dites clignotant ? Eh bien nous, on dit clignoteur.

Captivant.

Crapuleux : ne s'emploie que très rarement dans le sens de « crime crapuleux ». Le plus souvent, en Belgique, le sens du mot est positif.

– Jocelyne, ta crème brûlée est crapuleuse.

Ce qui signifie que la crème brûlée est délicieuse… mais comme elle est calorique, elle est crapuleuse. « *Oh, ça, c'est vraiment crapuleux* ! » à l'évocation d'une pièce montée à la chantilly.

Crolle : boucle. « *Il est crollé* » : il est bouclé. Mon surnom quand j'étais petit : « *Gillekes crollekes.* » « Il a

1. Voir « tchos ».

plein de crolles.» Origine germanique (hollandaise) du mot, «*krullen*» signifiant boucles.

Cuistax: moyen de locomotion ludique voué à divertir les bambins sur la digue de la côte belge. Se présente comme une sorte de vélo à quatre roues, ou de voiture à pédales, que l'on conduit assis. Existe aussi en modèle collectif, pour toute la famille. Caractéristique: il est strictement propre à la Belgique. Ni le sud des Pays-Bas, ni le nord de la France n'en font usage. D'où les «*kwistax*», et ce débat récurrent:

– *Tiens au fond, «cuistax», tu écris ça comment?*

Dikkenek: prétentieux.

– *Ça c'est vraiment un dikkenek, t'sé.*

Au sens propre du terme «gros cou», dans le sens de «grande gueule». Le «*dikkenek*» fait de son «*stoef*» (prononcer stouffe), il fait le «*stoeffer*»: il se vante. En France, on a les chevilles qui enflent. En Belgique, c'est le cou. Variante, «*faire de son nez*». Là aussi, venant du néerlandais: «*van zijn neus maken*».

Dîner: en Belgique, on déjeune le matin, on dîne à midi et on soupe le soir. Le matin, avec une «*jatte*» de café (un bol), on mange des *couques* (des viennoiseries, en mieux: une «*couque à la crème*», une «*couque aux raisins*», etc.). La baguette se dit «pain français»; le Belge mange plutôt du pain de mie. Dans une boulangerie bruxelloise, le touriste français sera estomaqué d'entendre son voisin commander «un *grand carré coupé*, un *pain français* et deux *couques aux raisins* s'il vous plaît» (pour un pain de mie grand format tranché, une baguette et... bon, vous avez compris). À l'inverse, le boulanger parisien s'amusera du touriste belge qui demande un *pain français*.

– Mais enfin monsieur, ici tous nos pains sont français[1] *!*

Douf : chaud. Ne pas confondre « douf » avec « douffe », au féminin, qui signifie cuite.

– Tchos fieu, je me suis pris une de ces douffes, hier soir !

Frisko : barre glacée chocolatée. Un des mots que le Belge connaît dès son plus jeune âge, et qui est totalement inconnu en France.

– Allez ? Vous ne connaissez pas le Frisko, chez vous ?

– Ben non, c'est quoi un Frisko ?

– Ben, c'est un Frisko !

– Mais c'est quoi ?

– Un Frisko, quoi ! Allez !

Genre : agrémente des phrases sans y rajouter grand-chose.

– Je lui ai dit, genre va te faire foutre.

– C'est une grande blonde genre un peu vulgaire.

– J'aime bien les restos intimes, genre petits restos italiens et tout ça.

– Moi, je serais plutôt genre de Gaulle et tout ça, niveau politique.

Godiche : fille kitsch, coincée, ringarde.

– M'enfin, qu'est-ce que c'est que ce diadème de godiche !

Jouette : ne s'entend que dans la formule « *il est très jouette* », employée à propos des chiots ou, plus rarement,

1. Au fait, saviez-vous que l'épatante chaîne de restaurants Le Pain quotidien, qui a envahi la France, les États-Unis, etc., est belge ?

des chatons. Phrase indispensable dès que le chiot – ou le chaton, forcément – fait un petit peu le fou-fou. Le propos induit étant : « Il ne faut pas lui en vouloir. »

Kermesse : fête de village[1]. Usité aussi bien dans son sens positif (« *Il y a eu une kermesse hier soir, il y avait plein de monde, c'était super* ») que péjoratif (« *Tcheu, qu'est-ce que c'est que cette ambiance kermesse, ici* »).

Ket : gamin, petit garçon.

– *Et ça va, tes kets ?*

– *Et alors ket, quoi de neuf ?*

– *C'est vraiment devenu un petit ket, t'sé, çui-là.*

Kiekebiche : chair de poule. Ce mot s'accommode peu d'une phrase grammaticalement structurée, comme : « *J'ai la kiekebiche.* » Il doit être employé dans un sens plus brut, plus direct.

Klet : paf ! Expression consacrée : « *klet, Mariette !* » Pourquoi « *Mariette* » ? Mais pour la rime, enfin !

Klette : se dit d'une personne sans envergure, dénuée de personnalité. D'une nouille.

– *Quelle klette, ce ministre !*

---

1. Les kermesses sont très nombreuses. Il y a entre autres l'Ommegang de Bruxelles, qui est une grande reconstitution historique commémorant la venue de Charles Quint à Bruxelles en 1549, et qui réunit plus de 1400 figurants ; il y a la Ducasse de Mons (dite « le Doudou »), une procession qui porte les restes de sainte Waudru, laquelle Waudru aurait enrayé une épidémie de peste suite à l'imploration des Montois ; il y a le carnaval de Binche, avec ses fameux Gilles (qui sont quasiment un millier). Ces deux dernières kermesses ont même été reconnues « Patrimoine oral et immatériel de l'humanité » par l'Unesco. Pour d'autres exemples, venez donc festoyer en Belgique, vous verrez bien !

Kot : studette, petit studio. Un étudiant loue son « *kot* », il « *kote* » quand il est en fac. Le nom et le verbe sont entrés depuis peu au *Larousse*. Comme quoi…

Labbekak : trouillard. « *Mais quel labbekak !* » Tout est dans l'intonation, la dernière syllabe (« kak ») devant être prononcée avec une sorte de mépris agressif. Le « labbe » amène en quelque sorte le « kak ».

Lavette : tissu spongieux mouillé en permanence, que d'aucuns pourraient qualifier, sous d'autres latitudes, de « torchon ». Objet qui est donc voué à nettoyer les tables et autres plans de travail dans les cuisines.

– Je vais passer un coup de lavette.

Variante : « *T'es qu'une lavette* », adressé à quelqu'un qui se laisse marcher sur les pieds. Pour se sécher après la douche, on emploie un « *essuie de bain* », pas une serviette.

Logopède : orthophoniste.

– Ah bon, vous ne dites pas logopède chez vous ?

Bizarrement, les Français connaissent le mot « logopédie », mais pas le mot « logopède ». À l'inverse, le Belge utilise peu le mot « orthophoniste », tout comme le mot « orthophonie ». (Je vous avais dit qu'entrer dans les détails des habitudes de langage ne présentait pas toujours un grand intérêt.)

Malin : à l'inverse de « crapuleux », est le plus souvent employé dans son sens négatif. « *Mais non hein, malin !* » (Comprenez : « imbécile ».) Pire que ça : « gros malin ».

– Celui-là c'est vraiment un gros malin, t'sais.

Ce qui signifie que le type fait « *de son intéressant* ». Maxime de rigueur : « *Qui fait le malin tombe dans le ravin.* »

Manche à balle : cire-pompes. Synonyme : *frotte-balle.*

– Oh toi ça va hein, le manche à balle !

Se dit à l'école, à l'adresse du premier de classe (en Belgique, très important, on dit « *premier de classe* », et pas « premier de la classe »).

Non, peut-être : signifie « oui », sur un ton humoristique.

– Tu connais ma femme ?

– Non, peut-être !

Plaisanterie fréquemment narrée : l'histoire d'un marié qui, le jour de ses noces, alors que l'officier de l'état civil lui demandait : « Voulez-vous prendre cette femme pour épouse ? », répondit : « *Non, peut-être !* »

Nonante : quatre-vingt-dix.

– Tiens, c'est marrant, vous dites « nonante », *vous !*

– Je ne vois pas ce que ça a de marrant, c'est beaucoup plus logique.

– Oui, mais enfin c'est marrant.

– Ce n'est pas marrant : c'est dire quatre-vingt-dix qui est marrant.

– Ah bon, tu trouves ça marrant ?

(Voir *septante*.)

Ouille, ouille : double interjection négative.

– Ouille, ouille, tu as vu comme elle a grossi ?

Un seul « ouille » suffit toutefois pour réagir à une mauvaise nouvelle.

– J'ai perdu mon boulot.

– Ouille, toi !

Dans un même esprit, le Wallon dira « *Oufti !* » : ça alors !

Pappe : sorte de bouillie. S'entend en général dans la formule « *une espèce de pappe* », qui vise à la fois une nourriture peu ragoûtante et une flaque d'eau saumâtre.

Par après : signifie « ensuite ». Curieusement, « par avant » n'existe pas.

Plekker : coller.

– Tchu, j'ai les mains qui plekkent, à cause de cette barbe à papa.

Prester : fournir une prestation ; effectuer des heures pour un travail.

– Je preste mes heures, et avec ça ils ne peuvent rien me dire.

Ramassette : petite pelle utilisée pour ramasser le détritus. Mot qui dit bien ce qu'il veut dire.

Rawette : rab, ou modeste supplément.

– Je peux avoir une rawette de purée ?

Synonyme de « *ressuce* ». « *Une ressuce de dessert, les gars ?* »

Ring : pour faire le tour de Bruxelles ou d'Anvers, on ne prend pas le périphérique, mais le ring.

Savoir : pouvoir.

– À quelle heure ferme le Delhaize ?

– Ça, je ne sais pas dire !

Scherp : tout juste, limite. Est toujours précédé de la *locution* « *un peu* » : c'est « *un peu scherp* ».

– La voiture, elle passe ici ?

– Ouh là ! ça va être un peu scherp, à mon avis.

Septante : soixante-dix. (Même dialogue que pour « *Nonante* ».)

Snul : idiot. « *Quel snul, celui-là !* » Dans les années nonante (on les a déjà croisés plus haut), une bande de comiques baptisée « Les Snuls » a beaucoup fait rire la Belgique francophone, sur Canal+ (où on les qualifiait de « Nuls belges »).

Spitant : pétillant. S'emploie pour de l'eau gazeuse (rarement), ou pour une personne : « *Cette fille est vraiment spitante.* » Le verbe « *spiter* » signifie « projeter des gouttelettes ».

– Chou, passe-moi la lavette, la friteuse a encore spité !

Stink : puer.

– Dju, ça stinke, ici, c'est terrible.

Bizarrement, l'infinitif « *stinker* » n'est quasi jamais employé.

Stoemelings[1] (en) : en cachette.

– Il a fait ça en stoemelings, tu penses bien.

Strontzat : complètement ivre. Vient de *stront*, qui veut dire « merde » et « *zat* », saoul.

– En tout cas, je peux te dire que Jean-Marie était complètement strontzat, hier soir : il avait clairement fait honneur au minibar.

1. Se prononce stoumelinx.

Taiseux : il n'y a pas si longtemps, ce mot était inconnu en France (sauf dans certaines campagnes), où l'on disait « taciturne » pour quelqu'un qui ne parle pas beaucoup. Dans les années 2000, une mode langagière des journalistes français a imposé « *taiseux* », et plus personne ne dit taciturne.

Tantôt (à) : à tout à l'heure. Se dit souvent juste : « *tantôt* ».

– On se retrouve tantôt, à huit heures quart, au cent et huit boulevard Anspach !

(Et non pas « à huit heures *et* quart, au cent huit », c'est comme ça, ne me demandez pas pourquoi.)

Tchosse : interjection marquant l'approbation ou la stupeur.

– Il s'est fait plein de blé avec son business.

– Tchosse !

Tchouler : pleurer.

– Il n'a pas arrêté de tchouler de toute la soirée.

Tof : chouette, réussi.

– J'ai passé une tof soirée, je me suis pris une douffe.

Toilette : toilettes.

– Je vais vite à la toilette, je reviens tout de suite. Sorry hein dis.

En France, on dit « *aux toilettes* ».

Vogelpik (au) : fléchettes. « *On a été jouer au vogelpik.* » Par extension : « un peu au hasard ».

– Il a fait ça complètement au vogelpik.

Volle gaz : à toute vitesse.

– On a été obligés de faire ça volle gaz.

Zinneke : bâtard. Pas dans le sens que donnent les rappeurs du 9-3 : utilisé en Belgique pour les chiens.

– Quelle race, mon clebs ? Ouille, je sais pas fieu, c'est un zinneke !

Comprenez des conversations belges

Nous allons citer à présent une série de phrases dites en français de Belgique, puis nous allons les traduire en français de France.

Avertissement. Si répertorier quelques phrases typiquement bèlges fait partie de la loi du genre dans un livre consacré à la Belgique, il me faut bien préciser que les exemples qui suivent sont plutôt tirés par les cheveux : il y a très peu de chances que vous entendiez autant de belgicismes à la fois dans si peu de phrases. Il s'agit en somme d'un petit condensé brut.

Nous disions donc...

• Scène n° 1 : un père s'adressant à son fils qui lui a emprunté sa voiture sans le prévenir

« Oui, mais non hein dis fieu : ça non, hein ! Tu vas d'un gaz à Houtsiplou avec ma caisse, comme ça, volle petrol, bien à t'n aise, assez que pour me foutre les pépettes, et pas un sorry ! Pfff... ça non, tsé : le G, ça a du bon, hein,

t'as qu'à l'utiliser de tcheu. Moi, ça m'fout le brûlant, tout ça. Maintenant, pour sortir tu tires ton plan, et merci bonsoir. »

Traduction : « Ah, mais je ne suis pas du tout d'accord ! Tu pars à toute vitesse je ne sais où avec ma voiture, bien tranquillement ; ça me fait très peur, et pas un mot d'excuse ! Tu aurais pu m'appeler ; je suis très fâché. À l'avenir, tu te débrouilleras tout seul pour sortir le soir. »

• Scène n° 2 : le même père à un ami, lui relatant la grossesse de sa fille

« *La gamine attend famille ; elle me dit que son jules est bien, mais avec ça je suis gras de tcheu. Je savais qu'elle avait quelqu'un et que ça cloppait, mais à mon avis elle l'a eu au vogelpick, quand tu le vois ! Un pâle type qui a toujours eu le cul dans le beurre, qui a toujours eu facile ; j'ai un œuf à peler avec lui.* »

Traduction : « Ma fille est enceinte, elle me dit que son fiancé est un jeune homme très bien, mais ça ne m'avance pas beaucoup. Je savais qu'elle sortait avec quelqu'un et que ça marchait bien, mais à mon avis elle a pris le premier qui se présentait, quand tu le vois ! Un type quelconque, qui n'a jamais dû se battre pour rien ; il faut que j'aie une franche discussion avec lui. »

• Scène n° 3 : le même homme à sa femme, alors que celle-ci l'empêche de donner une saucisse panée à leur fils

« *Meuh, allez ça ne peut mal hein, il va la goûter, cette fricadelle ! Ne va pas lui chercher misère ! Encore un peu, et je vais devoir la lui passer en stoemelings. Pfff... c'est bon que je t'aime bien, tsé, que je m'énerve pas, tu sais.*»

Traduction: «Mais enfin où est le problème? Il va la goûter, sa saucisse panée! Ne l'ennuie pas avec ça! Sinon, je vais devoir la lui donner en cachette. Pfff... c'est bien parce que je t'aime que je ne m'énerve pas!»

• Scène n° 4: toujours le même homme, de retour du bureau, à sa femme

«*Dis, il m'en est arrivé une belle: c'était entre l'heure de midi, j'allais prendre mon heure de table, j'ai laissé la porte contre, je mets quelque chose sur mon dos, et paf en deux secondes on m'a piqué mon G.*»

Traduction: «Dis, il m'est arrivé une fameuse aventure: c'était à l'heure de midi, je m'apprêtais à aller manger, je laisse la porte entrouverte, je mets ma veste, et en deux secondes on m'a piqué mon téléphone portable!»

• Scène n° 5: encore le même homme, qui parle de son patron à sa femme

«*Il est près de ses sous, il est dur de comprenure, il fait de son nez, il joue avec les pieds de tout le monde, avec lui je mords sur ma chique tsé.*»

Traduction: «Il est radin, il faut tout lui répéter, il est arrogant, il embête tout le monde, avec lui je prends sur moi, vraiment.»

EN CADEAU BONUS : MES 4 MOTS FÉTICHES

Des chouettes mots qu'on entend souvent en Belgique, et hélas beaucoup moins en France, alors qu'ils fleurent si bon la poésie :

Parastatal : semi-public. « Il bosse dans un organisme parastatal. »

Anticipatif : effectué avant la date normale. « J'ai payé mes cotisations sociales à titre anticipatif, comme ça c'est fait. »

Décumul : déclaration fiscale indépendante de chacun des époux. (Mon mot fétiche, j'ignore pourquoi.)

Horeca : secteur des hôtels-restaurants-cafés. « Il bosse dans l'horeca. »

POUR EN FINIR AVEC LES BLAGUES BELGES

Après l'accent, les blagues. Des blagues belges, tout le monde en connaît. Je vais toutefois vous rafraîchir un peu la mémoire, parce qu'il faut bien illustrer mon propos. Comme ce livre n'a pas vocation à se transformer en recueil de blagues, j'ai choisi de ne vous en présenter que *quatre*. Il fallait bien choisir un chiffre. Vous vous doutez bien que si on n'en présente que quatre, c'est forcément le nectar du nectar, le *top of the best*, l'excellentissime qui va être ici présenté. Tenez-vous donc prêt ; chauffez vos zygomatiques, préparez un mouchoir pour essuyer vos larmes et un verre d'eau pour l'instant où vous vous étranglerez. Si vous vous trouvez dans un lieu public, sautez peut-être les quelques lignes qui suivent, car il est toujours gênant d'avoir un fou rire tout seul.

• **Blague n° 1 :**

– C'est quoi un squelette dans un placard ?

– Un Belge qui a gagné à une partie de cache-cache !

Je vous laisse reprendre votre souffle. C'est bon, vous êtes prêt ? OK.

• **Blague n° 2 :**

– Combien faut-il de Belges pour faire un gâteau au chocolat ?

– Seize, un pour faire la pâte et quinze pour éplucher les Smarties !

Encore plus fort ! Allez, on continue.

• **Blague n° 3 :**

Un Belge entre furieux dans un magasin d'ordinateurs et appelle le vendeur :

– Monsieur, l'ordinateur que vous m'avez vendu ne fonctionne pas. Il n'arrête pas de me dire : « vous avez du courrier » et, à chaque fois, je descends voir dans la boîte aux lettres et il n'y a rien !

• **Sans plus attendre, blague n° 4 :**

Un touriste belge vient en vacances dans une petite station balnéaire du Finistère ; arrivé sur le port, il demande à un pêcheur :

– Dites-moi, une fois... Il n'y avait pas une jetée, l'année dernière ici ?

– Si, fait le pêcheur, mais elle a été entièrement détruite par un raz de marée…

– Allez ! Pas possible ! Jamais je n'aurais cru qu'un petit rongeur comme ça puisse faire autant de dégâts !

Et voilà.

Curieusement, les Belges ne sont pas tellement vexés par ces plaisanteries foireuses. Tout au plus sont-ils parfois un brin agacés (et encore : pas tant par les blagues elles-mêmes que par leur désespérante récurrence) mais, fondamentalement, leur orgueil national n'est pas blessé : ils s'en fichent. Le Belge qui entend une blague moqueuse dans la bouche d'un Français a plutôt tendance à avoir vaguement pitié du Français, qui répète des trucs déjà démodés du temps de Coluche. Il affiche un sourire poli. Pour bien montrer qu'il n'est pas vexé (parce que, je vous le rappelle, le Belge, tellement sympathique, « sait rire de lui-même »), chaque Belge est un peu le porte-parole humoristique de son pays, donc il ne lui viendrait pas à l'esprit de s'agacer ostensiblement d'une blague le concernant (sinon, le couperet tombe : « J'ai rencontré un Belge qui ne savait pas rire de lui-même. Pas si sympas que ça, finalement, les Belges »).

La seule solution, croyez-moi, est de rester impassible. Car quand les Belges tentent de répondre, c'est franchement triste. Ils disposent dans leur besace de quelques plaisanteries revanchardes, mais qui tombent systématiquement à plat.

– Pourquoi les autobus français ont-ils trois étages ?

– Parce qu'il en faut un pour le corps et deux pour le cou[1].

---

1. Parce que le Français est forcément un *dikkenek*. Voir plus haut, ou tentez de suivre un petit peu.

Ha, ha !

– Quel est le meilleur moyen pour un Belge de devenir très riche ?

– Il achète un Français à sa valeur réelle et le revend à la valeur à laquelle le Français s'estime.

Excellent.

– Quelle est la différence entre un Français et Dieu ?

– Dieu ne se prend pas pour un Français.

Ou encore :

– Sais-tu pourquoi les Français aiment tellement les histoires belges ?

– Parce que ce sont les seules qu'ils comprennent.

Cela dit, ces blagues sur les Français ne font pas vraiment rire les Belges ; ils les racontent pour le principe, comme ça, sans grande conviction. Et surtout, uniquement pour réagir à un propos de Français ; jamais ils ne les balanceraient à froid.

Ce qui amuse plus les Belges francophones (hélas, je dois bien l'avouer, je ne connais pas l'humour flamand – c'est dire l'unité de ce pays !), c'est de se moquer des Flamands. Et en fait, la mécanique est assez simple : pour trouver une blague sur les flamands, il suffit de prendre une blague française sur les Belges, et de remplacer « Belge » par « Flamand ». Il existe aussi des blagues sur les Wallons (chômeurs, paresseux, fonctionnaires, alcooliques, profiteurs – je n'ai même pas le cœur de vous en citer une seule), mais assez curieusement, il n'existe aucune blague sur les germanophones. Les germanophones, ou les grands oubliés de l'humour belge. Un scandale qu'il faudrait réparer au plus vite.

LE BELGE SAIT-IL RIRE DE LUI-MÊME ?

Cela étant, à la grande question : « Le Belge sait-il rire de lui-même ? », je répondrai « oui, mais il ne faut pas non plus pousser ».

Danny Wind, un auteur américain, a écrit en 2010 un *Guide* (humoristique !) *à l'usage des enfants appelant au génocide des Belges*. Eh bien, pensez-vous que cela fit rire les Belges ? Oh que non ! L'auteur fut assailli de réactions indignées, disant qu'il était « complètement dérangé », que « les Belges ne méritent pas une personne telle que lui, avec un humour pas drôle », qu'il devrait être « pendu sur la Grand-Place de Bruxelles ». Certains compatriotes, « fiers d'être belges », le qualifièrent de « bâtard malade », d'autres le comparèrent à Hitler. Bref : le Belge veut bien rire de lui, mais dans une juste mesure[1].

---

1. De la même manière, s'il se fout effectivement de pas mal de trucs, le Belge n'est pas complètement insensible à l'image de son pays. Ainsi, si le touriste belge de passage à Paris tombe par hasard (parce que tout de même, il ne va pas non plus la chercher) sur la statue équestre d'Albert Ier, dans un coin de la place de la Concorde (près de la Seine), il sera ému. Même chose s'il se promène place Reine-Astrid (au bout de l'avenue Montaigne), ou s'il s'arrête devant un des nombreux monuments aux soldats belges morts en France durant la guerre 1914-18. Ou si, dans le département du Calvados (Normandie), il aperçoit les nombreux drapeaux belges et autres monuments qui rappellent la participation de l'unité belgo-luxembourgeoise Brigade Piron à la bataille de Normandie.

On est loin de l'humour juif, par exemple : on dit que bien des Juifs se plaisent à raconter des histoires autodénigrantes, ce qui n'est pas du tout le cas du Belge. De ma vie, jamais je n'ai entendu des Belges se raconter entre eux des blagues sur les Belges. Tout au plus prennent-ils quelquefois des accents ridicules, mais le plus souvent ils s'autovalorisent, en invoquant leur propre humour et leur détachement par rapport aux choses.

FIERS DE NE PAS ÊTRE FIERS[1]

C'est donc un lien assez étrange qui unit les Belges à leur pays : en fait, ils s'aiment bien, et ils aiment s'aimer. Il est ainsi piquant de constater que, bien souvent, le Belge s'attribue à lui-même des qualités de modestie. Se qualifier orgueilleusement soi-même de modeste : il fallait y penser ! Il s'agit même, osons le dire, d'une forme de prétention[2].

Je n'ai jamais entendu, de mémoire d'homme, un artiste belge dire qu'il se sentait mieux en France qu'en Belgique. Et il faut laisser aux Français que, pour le coup, ils ne sont pas très susceptibles : en général, ils ne bronchent pas quand ils entendent un Belge expliquer que son pays est

1. Je répète la formule, car j'en suis fier.

2. Par exemple, quand l'humoriste flamand Bert Kruismans traduit un sentiment très répandu en expliquant que, en Belgique, « On se moque de tout. D'être belge, notamment. Le pays est tout petit et on s'en fout. Comme d'une guigne. On n'est pas très sérieux, en Belgique. C'est un cliché, mais on aime faire la fête, boire et manger », eh bien en fait il se vante de son pays ! Et il a bien raison !

plus chouette que le leur. D'ailleurs, c'est assez marrant : quand les Belges disent qu'ils sont formidables, on a tendance à se dire que oui, au fond, c'est vrai, ils sont formidables, tandis que si un Français vient à dire que son pays est formidable, on le taxera immédiatement de prétention et d'arrogance (« Ces Français, tout de même, comme ils se la ramènent ! »).

« BELGIQUE, MON AMOUR »

Bref, le Belge peut y aller sans complexe pour dire du bien de son pays et de lui-même ; c'est ainsi que Benoît Poelvoorde fait marrer Belges et Français quand il explique : « La différence entre le cinéma belge et le cinéma français ? Quand vous tournez en Belgique, tout est permis. Il n'y a pas de hiérarchie. Vous tournez en sauvage : on respecte le preneur de son qui peut donner son avis, comme le cameraman donne son avis ; tout le monde est logé dans un hôtel pourri, c'est des budgets minables, on est tous logés à la même enseigne. Mais l'avantage, c'est que c'est de l'artisanat. Donc vous avez une vraie liberté. En France, c'est pas possible. En France, pour donner un exemple, s'il y a un problème avec un connard qui a laissé une bagnole dans le cadre, tout le monde va commencer à hurler. Le réalisateur se met à gueuler : "Putain, il y a une bagnole dans le cadre !" Il gueule sur le premier assistant : "Bouge cette putain de bagnole, merde !" Le premier assistant dit dans son talkie : "Qui a mis la putain de bagnole dans le cadre ?" Le deuxième assistant : "Qui a mis la putain de bagnole dans le cadre ?" Et on arrive à la fin au pauvre régisseur, au mec qui fait ventouse : "Bouge cette putain de bagnole !" Alors que chez nous, au lieu de chercher qui est responsable, on la bouge[1] ! »

De la même manière, c'est toujours avec émotion et sympathie qu'on entend Annie Cordy chanter *Je suis belge* :

Je vous viens d'un pays du Nord
Je vous viens de Belgique
Ça n'est pas le Pérou, pas non plus l'Amérique
Sur une mappemonde vous le verriez à peine
Mais dans mon cœur vous le verriez plus gros
qu'une baleine

À l'inverse, écoutez *Douce France* de Charles Trenet ; il se trouvera toujours un puriste pour critiquer son côté passéiste, voire ringard (deux poids, deux mesures !) :

Douce France
Cher pays de mon enfance
Bercée de tendre insouciance
Je t'ai gardée dans mon cœur

Idem pour *Le Plat Pays* de Jacques Brel, unanimement encensé, alors que je vous fiche mon billet que si une chanson équivalente avait écrite sur la France, une violente polémique aurait immédiatement éclaté : réactionnaire ! Poujadiste ! Abominable !

---

1. La vidéo dans laquelle s'exprimait Benoît Poelvoorde, qui a fait un *buzz* sur Internet, est tirée des Caméras Subjectives du Master Pro de Paris-I Panthéon-Sorbonne, en 2007.

Aimer la Belgique rend sympathique. Le chanteur belge Milow, dans sa chanson *Kingdom* (2011), chante (en anglais) :

D'où je suis on manque de héros
En politique et en chansons
D'où je suis, au plus qu'ils arrangent
Au plus que tout va mal
D'où je suis, je me souviens
Ainsi je chanterai chaque jour
Que ce royaume est mon royaume
Encodé dans mon ADN

Et Mousta Largo, autre chanteur belge, dans sa chanson *Belgium Patchwork* (2011), chante :

État mélancolique
Et pas mal énervé
État surréaliste
D'un artiste engagé
Quinze mois déjà que mon plat pays attend
pour pouvoir avancer
Faut croire que certains ont du mépris pour le roi,
la loi, la liberté[1]

Bref, les Belges peuvent dire du bien de leur pays sans être taxés de chauvinisme.

Encore un mystère.

---

1. Bruxelles a même été chantée par des étrangers ! Mais si ! Par des Hollandais, même ! Dirk Annegarn chantait dans les années 70 : « Bruxelles ma belle / Je te rejoins bientôt / Aussitôt que Paris me trahit ».

ET MAINTENANT, LES FRITES !

J'ai parlé des accents et des blagues ; il faut à présent que je parle de la cuisine, et tout d'abord des frites. C'est bien obligé. On ne peut pas toujours éviter les sujets qui fâchent. Ou qui font rire.

• La frite, ou le lieu commun gastronomique belge ultime

Il existe d'ailleurs un lieu commun *sur* le lieu commun, qui consiste à dire que les Français mangent plus de frites que les Belges, et que d'ailleurs (c'est ici que ça se corse, et qu'on entre de plain-pied dans la polémique) les frites furent inventées en France, pas en Belgique. Débat fondamental, sur lequel il est indispensable de revenir pour éclaircir un point d'histoire.

En 1985, dans un article « coup de poing », de ceux qui vous marquent l'histoire du journalisme et jettent un véritable pavé dans la mare bouillonnante de la conscience universelle, un journaliste wallon retranscrivit la note de l'un de ses aïeux, laquelle datait de 1781 : « Les habitants de Namur, Andenne et Dinant ont l'usage de pêcher dans la Meuse du menu fretin et de le frire pour en améliorer leur ordinaire, surtout chez les pauvres gens. Mais lorsque le gel saisit les cours d'eau et que la pêche y devient hasardeuse, les habitants découpent des pommes de terre en forme de petits poissons et les passent à la friture comme ceux-ci. Il me revient que cette pratique remonte déjà à plus de cent années. » Un document historique exceptionnel, qui fait donc remonter la frite belge à la fin du XVIIe siècle. Théorie cependant discutée parmi les historiens, d'aucuns allant jusqu'à affirmer, se jouant de tout tabou et n'hésitant pas à ramer à contre-courant du conformisme le plus sclérosant sur la base de sources absolument crédibles, que la frite n'est apparue aux alentours de Namur qu'aux environs de 1735 ! Cela dit, cette théorie iconoclaste est battue en brèche par « certains observateurs », qui soutiennent *mordicus* que les conditions matérielles des Belges de l'époque ne leur auraient que très rarement permis de consommer des frites, à cause de la graisse nécessaire à la friture, laquelle était un luxe.

De toute manière, toutes ces théories sont réfutées en bloc par les spécialistes français de la frite, pour qui « les pommes de terre frites sont une des plus spirituelles créations du génie parisien[1] ». Terrible polémique ! L'historiographie officielle française prétend en effet que la frite est née en pleine période révolutionnaire, sur les ponts de Paris. Certains esprits critiques notent cependant que dans un recueil de recettes à base de pommes de terre datant de 1794, il n'était fait nulle mention de la frite, ce qui porte un sacré coup à la théorie de la frite née en 1789 (à moins qu'il ne se fût agi d'un non-dit volontaire ? Le fruit de pressions ? Du lobby anti-frites ? De la mafia de la croquette, inquiète de ce concurrent nouveau ?)

Il faut bien admettre que cette polémique n'enflamme pas les esprits : oserais-je écrire, une fois encore, que tout le monde s'en fout ? Et puis bon, il n'y a pas que les frites…

1. L'auteur de cette formule savoureuse est le célèbre chroniqueur gastronomique Curnonsky (1872-1956), dit « le prince des gastronomes ».

De bons chiffres

En avril 2012, les chiffres officiels sont tombés : d'après le rapport annuel de la Fevia, la Fédération de l'industrie alimentaire, la Belgique est... le plus gros producteur de frites du monde ! *Yeah* !

La frite belge se retrouve dans plus de cent dix pays. Même si l'objectivité me pousse à concéder qu'avec ce chiffre le concept de « frite » englobe également la pomme duchesse, ainsi que la croquette. (Mais gageons que cette conception élargie du concept n'enlève rien au mérite belge, puisque dans les listes de comparaison avec les autres pays, ces autres préparations sont également comptabilisées.)

• Autre fleuron gastronomique belge, les fameuses moules-frites

Éloignez-vous, ô prophètes de malheur qui osez dire moules *et* frites : on dit moules-frites ; on ne se fatigue pas avec un « et » superflu. Je ne vais pas me lancer dans l'histoire de tous les plats belges, mais comme le lecteur aime ce qui est piquant et qu'il est nécessaire de trouver des anecdotes, ça tombe bien : j'en ai trouvé une super pour les moules-frites. Accrochez-vous, ça va dépoter.

Donc. Les moules belges sont pêchées dans la mer du Nord. Mais (attention, ça se corse déjà) la mer du Nord longe-t-elle la côte flamande, ou la côte belge ? Fameux problème de sémantique ! La Belgique n'a qu'une seule côte, or la Belgique est un pays, donc on pourrait parler de côte belge ; d'autre part elle longe la côte flamande, pas la côte wallonne (vu qu'il n'y a pas de côte wallonne). Alors quoi ? Le débat est aussi insoluble que la poule et l'œuf, sauf que celui-ci a des implications stratégiques. Il fut en effet question de la régionalisation de la mer du Nord en 2008. (C'est quand même poilant, quand on y pense, de régionaliser de l'eau : et quand elle arrive en territoire wallon, elle change de « nationalité culturelle » ? Et que se passe-t-il pour les nuages qui passent au-dessus de la Belgique ? Changent-ils de cadre administratif en fonction de l'endroit où les poussent les vents ? La pluie qui tombe sur Frasnes-lez-Anvaing, charmant village du Hainaut, est-elle wallonne, et celle qui tombe sur Ronse, à dix kilomètres plus au nord, serait-elle flamande ?) La régionalisation fut refusée, mais cela n'empêcha pas la presse flamande (en général) de considérer les moules de la mer du Nord comme flamandes. C'est ainsi que le journal *De Morgen* titra, en juillet 2008 : « Les premières moules flamandes… de qualité ! » Pas mal : ce sont les mêmes moules qu'avant, mais maintenant qu'elles sont flamandes, elles sont – forcément – meilleures. Et puis, catastrophe : quelques jours plus tard, le même journal titra que de la toxine avait été décelée dans les moules… belges !

- **Les croquettes aux crevettes**

Aucune polémique de ce genre pour les croquettes-crevettes (enlevez le « aux », ça va plus vite), autre spécialité belge (et la dernière que nous évoquerons ici, car il ne faut pas abuser des bonnes choses). Alors, un truc marrant à raconter à ce sujet… Voyons, voyons… Ah, je sais ! Les croquettes-crevettes sont un peu à l'image de la Belgique : on ne sait pas trop ce qu'il y a dedans. Une espèce de mixture mi-dure mi-molle, napée de persil et délicieuse avec un peu de citron, qui vous tient au corps, et à propos de laquelle une question revient en boucle lorsqu'on en commande : « Deux ou trois pièces ? » Le Belge n'est en effet jamais parvenu à résoudre cette épineuse question du nombre de croquettes.

Pour les moules, les experts se sont accordés pour déterminer qu'il fallait en servir un kilo et demi. Voilà. Ni trop, ni trop peu. Mais pour les croquettes-crevettes, impossible à savoir ; personne n'a osé trancher. Un peu de bon sens pourrait pousser à suggérer deux pièces si les croquettes sont grosses et trois pièces si les croquettes sont petites, mais non, le débat reste en suspens, offrant donc au consommateur belge ce sempiternel dilemme lorsqu'il commande ses croquettes : « Allez deux, on va être raisonnables ». Ou : « Ma foi trois, parce qu'on n'a qu'une vie, hein les amis ! »

CONSIDÉRATIONS GÉNÉRALES SUR LA CUISINE BELGE, À L'USAGE DES DÉBUTANTS

D'une manière générale, la cuisine belge tient au corps : après avoir ingurgité des plats traditionnels belges, il faut prévoir un bon litre et demi d'eau pour faire passer tout ça. On est loin de l'huile d'olive et du poisson cru ; chaque plat rappelle les longues journées pluvieuses à travailler aux champs de patates, la nature grise et humide, la violence des éléments, la dureté de la vie. Un côté sauvage, peu esthète ; des sauces riches, des chicons (endives) au gratin baignant dans du beurre fondu, des fondants et des mousses au chocolat (ou des tartes au sucre, ne nous embêtons pas avec des fruits, ne mettons que du sucre) qui vous « calent ».

Faisons ensemble un exercice aux frontières du paranormal : je vous récite quelques spécialités belges, et je prends les paris que, après quelques lignes, vous vous sentirez ballonné.

Allez c'est parti :

- des asperges à la flamande servies avec des œufs ;
- des carbonnades à la flamande, à base de joue de bœuf, de pain d'épice, de saindoux et d'os à moelle ;
- des carbonnades de bœuf à la gueuze ;
- du lapin aux pruneaux ;
- de la quiche flamande (à base de bière) ;
- du steak au poivre vert ;
- du poulet rôti à la Leffe blonde ;
- des carbonnades de cerf à la bière trappiste de Chimay ;
- des soles en carbonnade à la Rodenbach ;
- de la glace au spéculoos et aux raisins secs ;
- du pain perdu aux fraises (à base de miel, de lait, de sucre vanille et de rhum blanc) ;
- de la crème brûlée au spéculoos ;
- des gaufres au chocolat ou à la chantilly ;
- des gosettes aux pommes.

Et voilà ! Ne me dites pas que l'exercice n'a pas marché.

Ah, j'oubliais : il faut que le plat soit chaud, ou au moins qu'il soit « en sauce ». Sans oublier de se resservir, c'est impératif, sinon on manque à la plus élémentaire convivialité. « Allez quoi, vous n'allez quand même pas me laisser tout ça ? Vous voulez me vexer ? J'ai passé toute la journée à cuisiner pour vous, les amis ! Allez, pour me faire plaisir[1] ! »

---

1. Toutes mes excuses aux jeunes chefs belges : j'ai été obligé de schématiser. Par souci d'honnêteté intellectuelle, je me dois cependant de citer cet extrait de l'article *Le terroir, roi des Belges* paru dans *Le Monde* du 8 mars 2013 : « Ils sont plusieurs jeunes chefs français à avoir choisi de s'installer en Belgique – moins pour les facilités fiscales que pour l'enthousiasme culinaire qui anime le pays (…). Impossible de dresser ici un tableau exhaustif de la gastronomie belge, qui cumule près de 120 étoiles et toujours plus de chefs talentueux. » Mea culpa.

• **D'autres fleurons gastronomiques belges**

Je pourrais vous parler avec passion des délices de la gaufre, du fromage, de la bière, vous expliquer avec force détails en quoi ces produits du terroir sont un régal pour les papilles, vous faire partager mes expériences gustatives, mais je préfère vous assommer de chiffres rébarbatifs. C'est comme ça, c'est un choix éditorial.

Voici donc : le Belge consomme annuellement plus de 20 kg de chocolat et le pays compte près de 300 chocolatiers qui produisent 218 000 tonnes de chocolat par an dont 60 % sont exportés pour une valeur qui dépasse le milliard d'euros.

Je continue sur ma lancée : avec plus de 300 sortes de fromages, la Belgique est fière de son titre de nation fromagère. Elle exporte pour 350 millions d'euros de fromages. La Hollande, « l'autre pays du fromage » ? Laissez-moi rire ! Et essayez de ma part le passendale, la maquée ou les fromages de Herve ou de Bruxelles (qui font passer l'époisses pour du Kiri). Idem du côté des fromages industriels : essayez une fois seulement le maredsous à tartiner, et vous ne voudrez plus jamais toucher une portion de Vache qui rit ! Quant à celui qui n'a jamais dégusté une tartine au fromage blanc (*plattekees*) avec sel, poivre, radis, ciboulette ou petits oignons, arrosé d'une kriek ou d'une kwak, il ne sait pas ce que veut dire l'« art de vivre à la belge ».

Je connais bien des Français qui, chaque fois qu'ils se rendent en Belgique, achètent des stocks de blanc de bœuf (de la société Vandemortele), tellement meilleur pour faire cuire les frites que l'huile que l'on utilise en France...

Les mêmes rapportent du filet d'Anvers, du jambon et du saucisson d'Ardenne (charcuteries incomparables) ainsi que du sirop de Liège (à base de pommes et de poires, se tartine sur une belle tranche de pain de mie), du chocolat Côte d'Or à tartiner (noir, ou au lait, lequel renvoie le Nutella aux oubliettes dont il n'aurait jamais dû sortir), des Chokotoff (friandises au chocolat, également de la marque Côte d'Or[1]) et des granulés de chocolat Kwatta (sur une tranche de pain beurré, c'est à pleurer tellement c'est bon). Autant de produits qui sont inexplicablement[2] introuvables en France, ou alors pour un prix prohibitif (à Paris, à l'épicerie du Bon Marché, par exemple). On trouve partout en France des traiteurs italiens : qui lancera la mode des traiteurs belges ?

Allez, encore un petit chiffre pour la route : avec sa production de 17 millions d'hectolitres de bière par an, la Belgique occupe une place enviable dans le monde. Il existe 500 bières différentes, produites par 115 brasseries. Avec 106 litres par an et par habitant, le consommateur belge est classé 5e au niveau européen après l'Allemagne, le Danemark, l'Autriche et l'Irlande. Fierté !

---

1. Et tant pis si Côte d'Or n'est plus belge depuis longtemps (la société a d'abord été rachetée par le Suisse Suchard, lui-même absorbé ensuite par l'Américain Kraft Foods) : la production est encore locale et – tous les Belges vous le diront – infiniment meilleure que tout ce qui se fait en Suisse.

2. Un adverbe fréquent en Belgique.

Le coin-cuisine

Il faut toujours un coin-cuisine dans un livre sur la Belgique, alors le voici[1].

Bon. Je me dis que si vous avez envie de vous faire un petit plat, ce n'est pas nécessairement ce livre-ci que vous allez ouvrir mais plutôt un livre de recettes belges. Contentons-nous donc de peu.

- **Recette de la bière belge**

Ingrédients : un verre et de la bière.

Préparation : faites couler la bière dans le verre. Buvez.

Dites « Mmmmmh ».

- **Recette du cornet de frites**

Ingrédients : des frites, et de la sauce (mayonnaise, andalouse, etc.).

Préparation : trempez vos frites dans la sauce. Mangez.

Dites « Mmmmmh ».

Et voilà.

ET MAINTENANT, UNE ANECDOTE CROUSTILLANTE

Autour de la nourriture, il y a bien évidemment la manière dont elle est servie. Ainsi, la Taverne du Passage est un célèbre restaurant belge, où les serveurs arborent une fière moustache blonde et un teint violacé de bon aloi,

1. Je sais que je m'étais engagé à ne pas le faire dans l'introduction du livre, mais il n'y a que les imbéciles qui ne changent pas d'avis.

pratiquant une *zwanze* assidue. La *zwanze*, cet humour typiquement bruxellois fait de gouaille et de moquerie de tout ce qui se prend au sérieux. Le serveur typique des lieux est à la fois plaisantin et austère ; on a toujours le vague sentiment de l'embêter en lui commandant quelque chose, mais en même temps on a envie d'être son ami. « Encore du pain ? Oui, ça va, ça arrive, deux minutes ! » Un beau jour que j'y dégustais une délicieuse moules-frites (forcément), j'entendis une cliente commander une crème brûlée sans chantilly, et le serveur lui répondre :

– Pourquoi sans chantilly ?

– Parce que j'ai du cholestérol, monsieur.

– Eh bien si on a du cholestérol, il ne faut pas commander de crème brûlée !

Et voilà. Tout était dit. Le bon sens en action.

À SAVOIR ABSOLUMENT

1. Le Belge prend son « heure de table ». Là où, dans pas mal de pays, une secrétaire explique que son patron est en pleine réunion, en Belgique elle avoue qu'il est « en heure de table ». Ce qui est moins classe, mais qui a le mérite de la franchise.

2. Le « repas chaud » est un *must*. Ne pas oublier : pour un Belge, mieux vaut un mauvais plat chaud qu'un bon plat froid.

3. Le Flamand prend son heure de table le nez vissé à son écran d'ordinateur, en faisant tomber les miettes de son sandwich au crabe sur son clavier (*ouh, le vilain cliché sur*

les Flamands). Le Wallon, lui, prend son heure de table au resto jusqu'à 17 heures passées (*ouh, le vilain cliché sur les Wallons*). Quant au Bruxellois, ça dépend s'il est francophone ou néerlandophone, ou s'il est coincé dans les embouteillages (*ouh, le vilain cliché aussi*).

Coup de fil de mon éditeur

– Allez, Gilles, arrête d'esquiver : les gens veulent une vraie recette.

– Pfff... c'est vraiment indispensable ?

– Oui.

– Bon, d'accord. Euh... le waterzooï à la gantoise, ça te va ?

– OK.

– Alors... commençons par les ingrédients. Il faut : un poulet, ou une poule (ça dépend si vous préférez un poulet ou une poule) de 1,5 kg (pas plus, pas moins, sinon je n'appelle pas ça un waterzooï à la gantoise), 3 carottes de taille moyenne (ou alors 2 grandes, ou bien 4 petites, enfin c'est vous qui voyez), 1 petit céleri (ou alors 2 céleris minuscules), 3 poireaux (sauf si vous préférez sans poireaux), 25 cl de crème fraîche (parce que sinon c'est un peu sec), sel et poivre (pour saler et pour poivrer), 3 jaunes d'œufs (vous faites ce que vous voulez avec le blanc qui reste ; certains n'hésitent pas à le jeter)...

– Une fois qu'on a tout ça, qu'est-ce qu'on fait ?

– Tout d'abord, on se réjouit de déguster tout bientôt un délicieux waterzooï à la gantoise. Ensuite, on se met à l'ouvrage (on n'a rien sans rien). Lavez bien les légumes (il faut vraiment tout vous dire !), puis coupez-les en morceaux (sinon vous allez vous ramasser des gros légumes dans votre assiette, que vous devrez de toute façon couper

.../...

.../...

pour les manger, donc autant le faire tout de suite), faites bouillir deux litres d'eau (la technique consiste à mettre de l'eau dans une casserole, puis à placer cette casserole sur le feu) et jetez les légumes (coupés ou non) dans l'eau bouillante (vous pouvez toujours les jeter avant que l'eau ne bouille, mais bon, c'est moins bien), faites pareil avec le poulet, ou la poule (forcément), c'est-à-dire lavez et coupez, et jetez le bazar dans le bouillon de légumes, ensuite je ne sais plus ; allez voir sur Google.

QUIZZ

Arrivés au bout de ce septième chapitre, vérifions à présent si vous en avez bien intégré toutes les données.

Êtes-vous en mesure de répondre aux 10 questions suivantes ?

1° Dans la série d'interjections suivantes désignant la surprise, laquelle est plus spécifiquement belge ?

a/ palsembleu, sapristi, diantre, fichtre, morbleu.

b/ tchosse, djosse, djeu, dju, tchu, tcheu.

Il n'y a pas d'attrape. La bonne réponse est b.

2° Que désigne un « clignoteur » en Belgique ?

a/ un clignotant.

b/ une mixture à base de tapas et de pelures frites, très prisée des Belges le jour de Pâques.

La bonne réponse est a. *(Et pas du tout la* b, *que j'ai complètement inventée pour lancer une fausse piste plus ou moins crédible.)*

3° Qu'est-ce qui est souvent crapuleux, en Belgique ?

a/ un crime.

b/ une crème brûlée.

La bonne réponse est b.

4° C'est quoi, un squelette dans un placard ?

a/ un début de blague belge foireuse.

b/ un Belge qui a gagné une partie de cache-cache.

Les deux réponses sont valables.

5° Les historiens s'écharpent pour savoir de quand datent les premières frites. Quelles sont les deux grandes écoles qui s'affrontent en la matière ?

a/ les partisans de la fin du XVIIe siècle *versus* les partisans du début du XVIIIe siècle.

b/ les partisans de la fin du IIIe siècle av. J.-C. *versus* les partisans du début du IVe siècle av. J.-C.

La bonne réponse est a.

6° Pour quelle raison bien des historiens remettent-ils en cause la théorie selon laquelle la frite fut populaire dès le XVIIIe siècle ?

a/ pour le plaisir de la polémique.

b/ à cause de la graisse nécessaire à la friture qui, selon eux, était un luxe.

La bonne réponse est b.

7° Que fut-il question de régionaliser en 2008 ?

a/ la mer du Nord.

b/ les Balkans.

La bonne réponse est a.

8° Qu'est-ce qui, en 2008, transforma les moules flamandes en moules belges ?

a/ une modification de leur certificat d'identité à la suite d'une erreur administrative.

b/ la présence de toxines en leur sein.

La bonne réponse est b.

9° Quelle est la ration homologuée de moules dans une assiette ?

a/ un kilo et demi.

b/ tout dépend.

La bonne réponse est a.

10° Dans combien de pays se retrouve la frite belge ?

a/ 109.

b/ 110.

La bonne réponse est b. *(À moins qu'il n'y ait eu une erreur de calcul.)*

RÉSULTATS DU QUIZZ

Si vous avez pu répondre à plus de 8 questions sur 10, vous venez de passer avec succès la septième étape pour devenir belge. Je suis bluffé !

Leçon n° 8 :

COMPRENEZ LA COMPLEXITÉ DE VOTRE NOUVEAU PAYS

OÙ L'ON APPREND COMMENT, POURQUOI, DANS QUELLE MESURE ET JUSQU'OÙ LE FONCTIONNEMENT DE LA BELGIQUE EST RIGOUREUSEMENT INCOMPRÉHENSIBLE

Le Belge se plaint souvent de la complexité de son pays ; on pourrait même dire que la complexité est une marque de fabrique belge.

Posons donc une question toute simple : en quoi la Belgique est-elle complexe ? La réponse, on s'en doute, est… complexe.

Tout au plus puis-je me contenter de vous indiquer quelques pistes.

« TCHOSSE, ÇA FAIT QUAND MÊME PAS MAL DE MONDE ! »

Le Moniteur est l'organe officiel de publication, entre autres, des lois, décrets et ordonnances belges. En 2012, il totalisait 88 214 pages. Ce qui signifie que si le Belge voulait être au courant de tout, il devrait s'astreindre à lire plus de 240 pages par jour (je tiens ces chiffres de l'organisation patronale Voka qui, pour le coup, ne s'est pas foulée en plaidant au passage pour une nécessaire simplification administrative).

Vous allez me dire : cet élément n'est pas suffisant, car, de nos jours, l'arsenal législatif est complexe dans tous les pays.

Soit.

Laissez-moi alors vous présenter le pouvoir exécutif belge, pour préciser ce qu'on peut entendre par *complexité*. Des dizaines et des dizaines de ministres et de secrétaires d'État[1], un ministre-président du gouvernement de la Région de Bruxelles-Capitale, chargé des Pouvoirs locaux, de l'Aménagement du territoire, des Monuments et sites, de la Propreté publique, de la Coopération au développement et de la Statistique régionale ; un ministre du gouvernement de la Région de Bruxelles-Capitale, chargé de l'Environnement, de l'Énergie, de la Politique de l'eau, de la Rénovation urbaine, de la Lutte contre l'incendie, de l'Aide médicale urgente, du Logement ; un secrétaire d'État à la Région de Bruxelles-Capitale, chargé de la Mobilité, de la Fonction publique, de l'Égalité des chances et de la Simplification administrative (aaaah !) ; un ministre wallon des Travaux publics, de l'Agriculture, de la Ruralité, de la Nature, de la Forêt et du Patrimoine ; un vice-ministre-

1. J'ai entamé moult recherches pour déterminer le nombre exact de ministres, mais ça change tout le temps, donc le temps que j'écrive un chiffre, il aura changé au moment où vous lirez ces lignes. Je dirais donc une cinquantaine, ce qui je pense sera encore valide quand vous lirez ceci. À moins d'un pétage de plombs collectif, qui nous mènerait du jour au lendemain à 20000 ministres, ou d'un coup d'État sanguinaire, qui nous mènerait à un seul ministre, ce qui ne serait guère plus réjouissant.

président du gouvernement flamand, ministre flamand des Affaires administratives, de la Gouvernance publique, de l'Intégration civique, du Tourisme et de la Périphérie flamande de Bruxelles[1]...

Bref, du monde. Beaucoup de monde.

Je vais à présent vous citer trois points qui, je l'espère, vous éclaireront encore un peu plus sur la complexité belge (je les ai sélectionnés un peu au hasard, mais ils sont tous symptomatiques).

ABSURDISTAN

- **Communauté française de Belgique**

C'est ainsi que s'appelle la Communauté francophone de Belgique (qui inclut donc Wallons et Bruxellois francophones). *Française*, et pas francophone ! Alors qu'elle n'est pas française, cette communauté : elle est belge ! Et le plus gag, c'est que si ça se trouve, les mecs ne se sont même pas fait la réflexion quand ils ont trouvé le nom ! Ils ont dû se dire quelque chose comme : « Tiens, au fond, comment on appellerait notre communauté ? Ben il y a déjà la Communauté flamande, alors on va dire Communauté française hein les amis. Oui oui, ça sonne mieux que « francophone ». Allez, on fait comme ça ! » Mais du coup, il a fallu préciser que cette communauté française n'était pas... française ! Ah ben non, vu qu'elle était *belge* ! D'où

1. Songeons au passage que pour chaque titulaire de poste, sa nomination fut un événement, une fierté pour sa famille, une étape majeure dans son existence. Une forme, parfois même, de consécration.

l'appellation de Communauté française de Belgique. Comme tout cela est limpide.

• **Le « décret Suykerbuyk »**

Adopté par le Parlement flamand en 1998, il visait à accorder une indemnité à une centaine d'anciens collabos de la Seconde Guerre mondiale réhabilités qui se trouvaient dans une situation précaire. La Cour d'arbitrage a fini par annuler ce décret, mais sait-on pourquoi ? Au nom du refus que des fonds publics servent à nourrir des gens qui ont collaboré avec le régime nazi ? Sans doute, mais aussi et surtout *(et c'est ici que ça devient stupéfiant)* parce que la Cour d'arbitrage a statué que les victimes de guerre étaient… une compétence fédérale ! Bref, que le Parlement flamand n'avait tout simplement pas les compétences pour faire ce qu'il avait fait. À quoi ça tient ?

• **La fameuse affaire des époux Sagawé**

De quoi s'agit-il ? En 1992, Jean Sagawé, un entrepreneur wallon à la retraite, construisit une maison sans permis non loin de Mons. Vous allez me dire : ben… sans permis, normalement on aurait dû l'en empêcher. Pensez-vous ! En 1994, le tribunal correctionnel de Charleroi rendit un jugement ordonnant la démolition de la maison de Sagawé. Logique. Après quoi, la cour d'appel de Mons confirma cette décision. Logique aussi. Mais, et c'est ici que ça devient croustillant, ces décisions ne furent jamais exécutées par la Région wallonne ! Comme disait l'autre : ça valait bien la peine. Cela dit, le plus surprenant arrive : après moult péripéties, tractations et autres arrachages de cheveux, un accord fut finalement trouvé entre le ministre compétent et les époux, et ceux-ci furent autorisés à continuer à habiter cette maison jusqu'à leur décès. À la suite de quoi, elle serait léguée à la Région wallonne, qui la fera démolir aux frais de la famille Sagawé. Ah, la Belgique !

Mais je vous ai gardé l'encore meilleur pour la fin : dans leurs fumeuses tentatives de trouver une solution, les autorités wallonnes avaient même envisagé un temps une dérogation spéciale pour faire obtenir aux Sagawé un logement social. En même temps qu'elles envisageaient d'envoyer les bulldozers sur la maison des Sagawé ! Ce qui fit dire à certains observateurs que les autorités avaient balancé « entre l'amnistie et le bulldozer ».

Personnellement, je déplore qu'on ne m'ait pas consulté, car j'avais plein d'idées pour résoudre ce problème en douceur : par exemple, permettre aux époux Sagawé d'occuper leur maison un jour sur deux. Ou alors, abattre la maison sous les yeux des Sagawé pour les punir, mais la reconstruire aux frais de la Région. Ou bien, laisser la maison, mais la vider pour quand même marquer le coup. Ou enlever le toit, pour les embêter. Ou murer la maison, mais continuer à nourrir les Sagawé aux frais de la Région, en leur jetant des sandwiches par un bout de fenêtre ouverte. Ceci pour dire qu'en cherchant un peu, on aurait bien fini par trouver une meilleure solution.

LA CRISE, ENCORE LA CRISE, TOUJOURS LA CRISE...

La Belgique est également très complexe dans sa gestion de crises *quasi perpétuelles*. Il faut bien que je vous en parle.

Saviez-vous que le dimanche 9 janvier 2011, la Belgique avait dépassé, avec 209 jours, le record de la plus longue crise politique de l'après-guerre en Occident, qui était jusque-là détenu par les Pays-Bas, en 1977 ?

BELGIQUE, CHAMPIONNE DE LA CRISE !

Je dirais même de la crise permanente, car même lorsqu'il n'y a pas crise, il y a crise. Qu'est-ce à dire ? Que lorsque après une crise de plusieurs mois, le gouvernement parvient aux affaires, il se trouve d'emblée en crise, puisqu'il doit commencer par résoudre les crises qui se sont accumulées durant la crise pré-gouvernementale. Et aussi, parce qu'il a dû surmonter tant de crises pour parvenir à exister qu'une grande partie de ses activités va d'emblée consister à étouffer dans l'œuf toutes les crises susceptibles de l'empêcher de résoudre les crises… Vu que s'il n'y parvient pas, les crises ne seront pas résolues, et le gouvernement sera en crise ! Or, s'il est en crise, il ne peut pas résoudre les crises. C'est logique.

Cela dit, on a beau jeu de se plaindre, mais pourquoi ne pas voir le côté positif des crises ? Après tout, comme elles sont permanentes, autant en faire son miel ! J'y vois, personnellement, deux gros avantages. Tout d'abord en termes de créativité journalistique. Au début d'une crise, les titres sont plutôt basiques. Du genre : *La Belgique en crise*. Puis, le temps passant, on passe à quelque chose de plus solennel : *La Belgique s'enfonce dans la crise*. Ensuite, pour ne pas faire retomber la pression, on va plus loin encore : *La Belgique n'en finit pas de s'enfoncer dans la crise*. Arrive ensuite le stade de la saturation. *La Belgique n'en finit décidément toujours pas de s'enfoncer chaque jour un peu plus encore dans une crise de plus en plus profonde*. Et puis, c'est festival :

– Crise dans la crise.
– La crise qui n'en finit pas d'avoir des crises.
– L'aile ou la crise.
– Trop de crise tue la crise.
– La crise sur le gâteau.

Et ainsi de suite. Sans oublier les mille et un « scénarios de sortie de crise », déchargés par cageots entiers chaque matin dans la presse.

Par ailleurs, deuxième gros avantage que j'y vois, une crise, ça crée du lien social : grâce à ça, au moins, les gens se parlent dans la rue, ils se font tous commentateurs politiques :

– C'est terrible, hein, quand même, ce qui se passe !

– Eh oui, triste spectacle…

– À qui le dites-vous !

– Bientôt la Noël, et toujours pas de gouvernement !

– Eh oui : triste Belgique…

Grâce aux crises, en somme, le citoyen reprend goût au débat contradictoire, à la chose publique.

Blague dans le coin, ces crises incessantes donnent la pénible impression que rien n'est maîtrisé. Que c'est le souk, qu'on ne s'en sort pas. D'où sentiment aigu de complexité. Songez que le 2 mars 2011, après quinze mois de négociations, le ministre des Finances avait déclaré dans la presse : « Il est possible de passer à la négociation. » Formidable ! Quelques semaines plus tôt, les négociateurs négociaient pour savoir qui allait pouvoir négocier, et ce qui allait pouvoir être négocié (ce qui n'était déjà pas terrible en termes d'aboutissement), mais là pour le coup il y eut encore recul :

après 262 jours sans gouvernement, il allait être « possible de passer à la négociation ».

Le recul aurait pu continuer, au fond... Quelques semaines encore, et le ministre aurait pu dire : « On va commencer tout doucement à songer à s'y mettre », puis la semaine d'après : « On va lancer les invitations pour un premier tour de table avec les partenaires de la majorité, qui consistera à lancer des pistes de travail destinées à dresser une feuille de route dont l'objet sera la fixation d'objectifs dont le but sera de résoudre au mieux des problèmes qu'il faudra déterminer au préalable. Mais tout ça, bien à l'aise : on est déjà en mars, et qui dit mars dit bientôt avril, qui dit avril dit printemps, qui dit printemps dit bientôt été, et on ne va quand même pas commencer des négociations en plein été. »

Cette impression de désordre était accentuée par les manchettes des journaux, qui titraient un jour sur deux : « Semaine cruciale pour les négociations gouvernementales ». Ah bon sang, que de semaines cruciales dans ce pays ! Quel stress ! Se pose cependant un problème philosophique : si toutes les semaines sont cruciales, et donc s'il est banal pour une semaine d'être cruciale, en quoi le crucial reste-t-il crucial ?

« AAAH, ENFIN DU CONCRET ! »

Et puis, ces effets d'annonce creux : « Mardi midi, une rencontre au sommet a eu lieu entre le président du parti socialiste francophone et celui du parti nationaliste flamand. Objectif : « tracer une voie pour la suite » (titre de *La Libre Belgique*, février 2011).

Ou bien cette sortie d'un sénateur démocrate-chrétien en février 2011, qui résume à elle seule tout ce qu'on put entendre à l'époque (et qui contribue donc à ce sentiment diffus *qu'on ne s'en sort pas*) :

– On ne négocie plus depuis presque six mois, il faut reprendre ce dialogue ! Et c'est ce qui est important, trouver les bonnes personnes, le bon moment avec la bonne mentalité pour aboutir quelque part.

Ouf, enfin du concret !

– À un moment donné, tout le monde doit, je crois, se mouiller, car il faut quand même essayer de négocier sérieusement !

On progresse !

– C'est surtout la mentalité qui est importante. Tout le monde doit être disposé à trouver une solution, et je comprends que tout le monde réfléchisse bien avant de franchir ce cap de vraies négociations.

Là encore, on tient le bon bout. Allez, encore un petit bout pour la route :

– Il faut peut-être des garanties qui sont nécessaires… Pas des serments, c'est exclu bien entendu, mais quand même, le fait d'être prêt à négocier sérieusement, d'être franc mais aussi à être prêt à un compromis.

De mieux en mieux.

– Il faut faire preuve d'imagination. Et se donner toutes les chances de réussir. Mettre en avant le pragmatisme pour dégager enfin une solution sur le plan institutionnel. Parce que tout est dans tout. Je plaide pour une solution de bon sens, pour que tout le monde reste autour de la table.

Que rajouter à ce superbe plaidoyer[1] ?

Mais au fond, quel est le problème ?

Dans une leçon consacrée à la complexité belge, il faut bien que je vous explique quelques-uns des problèmes qui pourrissent la vie de notre joli royaume.

• Problème n° 1 : les communes à facilités

Elles sont sans cesse rediscutées. De quoi s'agit-il ? Du fait que, lors de l'établissement de la frontière linguistique en Belgique (au tout début des années 1960), un certain nombre de francophones se retrouvèrent en Flandre,

1. J'ai écrit un petit slam, pour ajouter ma pierre à l'édifice : « Parler pour ne rien dire / Tel est mon grand plaisir / Un peu de langue-de-bois / Eh oui, c'est mon dada / En bref, brasser du vent / Tel est mon enchantement / Il faut trouver des pistes / Sans être alarmistes / Tous autour de la table / Développement durable / Posons des gestes forts / Problèmes à bras-le-corps / Valoriser pensions / Œuvrer à solutions / Respect et tolérance / Restaurer la confiance / Œuvrer à un débat / Et tout remettre à plat / Pour un très vrai changement / Un grand rassemblement / Plus de fatalité / Non, pas nous résigner / Pour des solutions claires / Et tuer la misère / L'homme au cœur du système / Pour devenir l'emblème / D'un très beau renouveau / De la crise, par le haut / Une belle alternative / Dynamique collective / Restaurer la confiance / Se donner toutes les chances / Nul au bord de la route / Éviter la banqueroute / Et agir sans attendre / La ruine il faut pourfendre / Réformes en profondeur / Pas de bonimenteurs / Créer du lien social / C'est quand même bien normal / Pour un monde équitable / Qui soit très agréable / Sécurité pour tous / Ne plus avoir la frousse / Pour un engagement fort / Offrir tout notre apport / Oser le changement / Je le dis maintenant / Tous autour de la table / Ce sera admirable »

et un certain nombre de Flamands en Wallonie. C'est ainsi que naquit l'idée des communes dites « à facilités » (le mot « facilité », pour le coup, pouvant susciter une franche hilarité). L'idée de ces communes à facilités était de protéger ces nouvelles minorités linguistiques dans leurs régions respectives. Quoique (rigolons en douce) ces minorités fussent parfois… majoritaires (hé hé), puisque certaines communes situées en Flandre étaient à l'époque (et parfois encore aujourd'hui) composées de 80 % de francophones. Et vice versa. Dès lors, quelle fut l'idée ? Eh bien, d'instaurer dans ces communes l'unilinguisme des services internes (formule peu glamour qui signifie que l'administration travaille dans une seule langue), et un bilinguisme externe (c'est-à-dire que l'administration utilise deux langues dans ses relations avec le public). Pas mal trouvé !

– Bonjour, très cher monsieur, bienvenue au guichet 8 ; voici les documents que vous nous avez demandés la semaine dernière, et qui sont comme il se doit en néerlandais, étant entendu que vous pensez bien que le français en est totalement exclu, vu que nous sommes en Flandre. Je vous en souhaite une excellente réception, en tout cas, et bien le bonjour chez vous !

On s'en doute, cette idée n'a pas suffi à apaiser les tensions.

À propos des communes à facilités, il faut forcément que je vous parle des Fourons, qui sont une région située en Flandre, avec des facilités pour les francophones. Elle fait partie de la province (flamande, donc) du Limbourg, mais elle est enclavée en Région wallonne[1] (là, ça se corse).

1. Une partie de la province de Liège la sépare en effet de la province du Limbourg.

C'est ainsi que dans les années 1980, le bourgmestre élu, José Happart (francophone), provoqua une crise gouvernementale et fit même chuter le gouvernement en refusant de passer un test de connaissance du néerlandais, obligatoire pour les bourgmestres en Flandre.

• Problème n° 2 :
les trois bourgmestres de la périphérie

Ils sont mieux connus sous le nom de bourgmestres « non nommés ». Il s'agit de bourgmestres (enfin, pas encore vraiment de bourgmestres, vu qu'ils sont non nommés) francophones, élus par une majorité de francophones, mais en territoire flamand (forcément, sinon ça aurait manqué de sel). Les communes (à facilités) qu'ils briguent ont toutes un nom imprononçable pour un Français : Linkebeek (prononcez line-que-bééc, pas lain-queue-bec), Kraainem (prononcez cra-i-nem, pas cré-nem), et (le plus dur) Wezembeek-Oppem (prononcez oué-zem-bééc-opèm, pas vè-zem-bec-opèm). Leur combat ? Ils contestent les circulaires du gouvernement flamand qui imposent l'envoi de convocations aux habitants d'abord en néerlandais. Nous disons bien *d'abord*, ce qui rajoute encore du sel au sel : ce n'est pas qu'ils ne peuvent pas adresser leurs lettres de convocation en français ; c'est qu'ils doivent *d'abord* les adresser en flamand. Après quoi, en cas de demande expresse de l'habitant, ils peuvent le faire en français. On n'a pas fini de rigoler ! D'après lesdits bourgmestres, cette circulaire est illégale, et obéit à des préoccupations plus politiques que juridiques (allons bon !). Du coup, branle-bas de combat : invocation du soutien du Congrès des pouvoirs locaux du Conseil de l'Europe, du respect de la Charte européenne de l'autonomie locale, et tutti quanti. Leur revendication, donc : pouvoir envoyer les convocations électorales d'emblée en français.

• Problème n° 3 : le statut de Bruxelles

L'une des grandes pommes de discorde entre les communautés. Pour faire bref, les francophones aimeraient qu'il y ait une jonction entre Bruxelles et la Wallonie (afin de constituer un bloc homogène francophone), tandis que les Flamands ne veulent pas en entendre parler : pour eux, Bruxelles fait partie de la Flandre, point à la ligne. Or, une jonction entre Bruxelles et la Wallonie briserait l'entité homogène à laquelle ils aspirent (j'ai essayé d'expliquer la situation le plus clairement possible ; je ne suis pas certain d'y être arrivé).

Mais c'est encore plus compliqué que ça. Bruxelles, on le sait à présent, est une région bilingue. C'est en tout cas ainsi que la Constitution la définit. Mais en fait, elle ne l'est pas vraiment. Magie, magie ! Le lecteur affûté se posera donc cette question : pourquoi diable dit-on qu'elle est bilingue, si elle ne l'est pas ? Eh bien, elle est bilingue parce que c'est inscrit dans ses statuts officiels, parce que aux guichets de l'administration on peut s'adresser dans les deux langues, parce que les policiers sont censés y être bilingues, parce que le nom des rues y est écrit dans les deux langues. Mais elle ne l'est pas dans la mesure où il est interdit à un Bruxellois d'obtenir une carte d'identité bilingue, où il est interdit à un élu bruxellois d'opter pour un statut linguistique bilingue, où il est interdit à la Région bruxelloise de soutenir des clubs sportifs bilingues. Et puis surtout, et ça c'est vraiment gag, Bruxelles n'est pas bilingue dans la mesure… où l'enseignement n'y est pas bilingue. La Constitution stipule en effet que la Région (bilingue) ne peut pas s'occuper d'enseignement : ce sont la Communauté française et la Communauté flamande qui en ont la charge, en parfaite ignorance l'une de l'autre. Or, il est interdit aux Communautés de créer un réseau d'enseignement bilingue.

Oui, je sais, il faut relire deux ou trois fois ces dernières lignes, mais quand on se concentre ça finit par rentrer. Ou pas. Au moins, vous aurez essayé.

Il faut en somme « choisir son camp » linguistique pour l'éducation de ses enfants. Avec les interminables discussions de rigueur, que j'entends depuis ma tendre enfance :

– Moi, ma belle-sœur a mis ses enfants à l'école flamande, mon vieux, et ça me semble une bonne idée pour qu'ils deviennent bilingues ; c'est un fameux bagage pour l'avenir. Pour trouver un boulot plus tard, et tout ça.

– Ah bon ? Ben moi je ne trouve pas ça une bonne idée : le fils de mon voisin, qui va à l'école en flamand, a parfois du mal à s'exprimer en français, en plus il a un léger accent flamand.

– D'accord, n'empêche que le cousin de mon petit-neveu a tout de suite trouvé du boulot après l'école, vu qu'il était parfaitement bilingue.

– Peut-être, mais le flamand n'est parlé que par une infime partie de la population mondiale : moi, je préfère que mes enfants apprennent le chinois, ou le russe. C'est plus porteur !

Et ainsi de suite.

• Problème n° 4 :
la nébulosité du débat politique en Belgique

Cours de sciences politique express. En France, il y a la gauche (qui n'aime pas la droite), la droite (qui n'aime pas la gauche), et le centre (qui aime bien un peu des deux). Ce qui donne des débats assez clairs :

– Vous menez une politique qui favorise les privilégiés !

– Et vous, vous menez une politique qui ruine l'économie !

Et avec ça on tient des années. En Belgique, les coalitions sont si complexes qu'on se croirait empêtrés dans une espèce de flux continu : gouvernement, puis crise, puis chute du gouvernement, puis crise, personne n'aimant personne, ou alors par intermittence, mais jamais assez longtemps pour qu'on s'y retrouve.

C'est tellement compliqué qu'on a trouvé un truc pour simplifier les choses : on dit « nos ministres », avec ça on est bons, ça évite de rentrer dans les détails.

– Nos ministres feraient bien d'en prendre de la graine !

– Tout ça, c'est la faute de nos ministres !

– Si seulement nos ministres se décidaient à enfin s'attaquer enfin aux vrais problèmes !

Et zou, on peut passer à autre chose. Il faut dire qu'on n'a pas vraiment le choix, vu que certains partis sont au pouvoir à Bruxelles, mais dans l'opposition à « l'échelon fédéral » (autre expression consacrée). Or il faut bien donner quelques balises au cerveau, qui n'est pas non plus extensible à l'infini pour emmagasiner les données. Car enfin, une cinquantaine de ministres[1] pour 30 000 kilomètres carrés, ça nous fait une moyenne d'un ministre par 600 kilomètres carrés, soit une densité de ministres qui, transposée au Congo, imposerait plus de 4 000 ministres ! Bien d'accord, mieux vaut ça qu'un seul et unique schtroumpfissime qui déciderait de tout et pour tout le monde, mais enfin quand même !

1. Vous vous souvenez ? C'est le chiffre dont j'ai parlé plus haut.

Parfois, cela dit, ça devient franchement rigolo. À l'échelon communal, par exemple : en octobre 2012, en ma bonne commune d'Ixelles, il était si difficile d'atteindre une coalition que le conseil communal a… coupé la poire en deux ! On ne parvenait pas à trancher entre un bourgmestre socialiste et un bourgmestre libéral, alors on s'est dit qu'on allait diviser le temps de la législature en deux. Et pourquoi pas ? La mandature durant six ans, ça nous fait donc trois ans avec un bourgmestre socialiste, et trois ans avec un bourgmestre libéral (je pourrais préciser en outre que ce n'étaient même pas les libéraux et les socialistes qui avaient obtenu le plus de voix, mais il faut que mon récit reste intelligible).

• Problème n° 5 :
la nébulosité des débats télévisés en Belgique

Vous pourriez penser que, pour mieux cerner la question, il suffirait de suivre les débats du dimanche midi à la télé. Malheureux ! Vous n'y comprendrez goutte, je vous le garantis ! Suivre ces débats semaine après semaine vous fera vivre *in live* le scénario du film *Un jour sans fin*, de Harold Ramis (1993) où, chaque fois que le réveille-matin sonne, c'est sempiternellement la même journée qui recommence.

Je prends les paris : le visionnage d'un seul débat du dimanche midi à la télé belge suffira à plonger la plupart d'entre vous dans un état de torpeur pouvant confiner à la léthargie. Je vous explique comment ça se passe. En général, le nombre de participants approche de la vingtaine, car il faut que chaque tendance politique soit bien représentée : or, vous le savez à présent, il n'y a pas de majorité d'un côté et d'opposition de l'autre, ce serait trop simple ;

il y a en permanence des coalitions (donc, plein de monde qui veut s'exprimer, forcément).

Des chouettes coalitions

Rien de tel qu'une bonne vieille coalition ! Rien que le mot « coalition », déjà, incite au plus vibrant des enthousiasmes. Tu es jeune ? Tu veux t'investir dans la vie publique de ton pays ? Viens donc participer à une super chouette coalition ! *Trop cool !*

Enfin, je dis ça, mais parfois les coalitions sont agrémentées d'une petite touche de glamour. Un cerveau fertile dont je ne suis pas parvenu à déterminer l'identité – sans doute vit-il terré, effaré par le succès de son idée – a en effet proposé de leur attribuer à chacune une couleur, pour y voir plus clair.

L'idée : inventer des couleurs de coalitions pour les rendre plus lisibles. Pour ne plus devoir dire « une coalition socialo-libéralo-écolo-centriste », par exemple, paf : on dit une couleur ! Il y a par exemple la coalition jamaïcaine (composée des libéraux, des chrétiens humanistes et des écolos[1]), la coalition orange sanguine (regroupant les socialistes, les libéraux et les chrétiens démocrates), la coalition arc-en-ciel (libéraux, socialistes, écolos), la coalition violette (socialistes et libéraux), la coalition turquoise (libéraux, écolos). Sans oublier la rouge romaine, et l'orange bleue. Je propose quant à moi une coalition jambon-purée, une coalition moussaka, ainsi qu'une coalition gant de toilette.

.../...

1. Cette coalition n'a jamais vu le jour en Belgique, mais elle fut envisagée. (Plus gag encore : on a pris en compte, pour cette dénomination, la couleur des partis politiques allemands correspondants, donc ce nom est le résultat d'un plantage.)

.../...

Problème : ça complique encore les choses ! « Attends, euh... qu'est-ce qu'il y a exactement, dans la jamaïcaine ? Quelles couleurs, encore ? Du bleu ? Du turquoise ? De l'orange ? Mais c'est quelle orientation politique, encore l'orange ? Les démocrates-chrétiens ? Ou alors les centristes ? Aaaaargh, je m'y perds ! »

Avec plein de monde sur le plateau télé, on ne comprend rien. Ah flûte, j'oubliais aussi de préciser qu'en plus, tous les partis politiques s'étaient scindés en deux il y a quelques années, selon leur appartenance linguistique ! Ce qui nous donne donc en général sur le plateau (à la grosse louche) :

Un représentant du parti socialiste francophone (PS)

Un représentant du parti socialiste flamand (SPA)

Un représentant du parti écologiste francophone (Écolo)

Un représentant du parti écologiste flamand (Groen)

Un représentant du parti démocrate-chrétien francophone (CDH)

Un représentant du parti démocrate-chrétien flamand (CD&V)

Un représentant du parti libéral francophone (MR)

Un représentant du parti libéral flamand (Open VLD)

Un représentant du Front francophone (FDF)

Ainsi qu'un représentant du parti flamingant (Vlaams Belang)[1].

1. Ces derniers, et pour cause, ne se sont pas scindés.

Un représentant du parti nationaliste flamand (NVA).

Sans oublier l'incontournable « membre de la société civile », qui se doit de dire que les citoyens n'y comprennent rien et qu'il est grand temps de cesser ces petites querelles politiciennes.

Donc, ça fait beaucoup de gens. Alors, faisons le calcul : une émission d'une durée de cinquante minutes, une quinzaine de participants, ça nous fait une moyenne de trois minutes par intervenant, auxquelles il faut soustraire le temps de présentation de chaque invité (« nous recevons aujourd'hui monsieur X, représentant du parti X, ainsi que monsieur Y, représentant du parti Y, sans oublier monsieur Z, du parti Z », etc.). Moins de trois minutes par intervenant, donc ! Qui incluent (pire encore) les « laissez-moi finir », les « calmez-vous, vous aurez la parole tout de suite » et autres « messieurs, je vous en prie : si vous parlez tous en même temps, les téléspectateurs n'y comprennent rien ».

Tout ce petit monde, en plus, pour répondre à des questions du genre : « Quel avenir pour la Belgique ? » Ou « Quelle Belgique pour quel avenir ? » C'est vous dire si tout est clair !

Je vous résume le ton général : alors, ces solutions, quelles sont-elles ? Et sinon, finalement, la Belgique, c'est quoi ? Un accident de l'histoire ? Oui ? Non ? Peut-être ? Non peut-être ? A-t-elle un avenir ? A-t-elle un sens ? À votre avis ? Hein ? Et puis, qu'est-ce qu'on va en faire plus tard ? Et que va devenir Bruxelles ? Et la famille royale ? Et ces institutions ? Si on réexpliquait tout depuis le début ?

« Mal à la tête, fieu »

Un sentiment de désordre diffus mais omniprésent. Des débats pas clairs. Des institutions complexes jusqu'à l'absurde.

Cela dit, cette complexité institutionnelle ne s'est pas imposée pour le plaisir ; elle a vocation à gérer les multiples clivages qui traversent le pays, et (attention, je jette un pavé dans la mare) elle y parvient finalement assez bien : elle apaise même les tensions plus qu'elle ne les provoque. La Belgique, en effet – on a tendance à l'ignorer aujourd'hui –, a un formidable potentiel de violence. Il y a cent ans, catholiques et anticléricaux se vouaient une haine féroce, qui dégénérait régulièrement en joutes verbales extrêmement brutales, parfois même en affrontements physiques. En 1950, lorsqu'il fut question du retour sur le trône du roi Léopold III, Bruxelles vécut d'impitoyables combats de rue, qui faillirent mener le pays à la guerre civile. Dix ans plus tard, la Belgique connut une immense grève générale à la suite du programme d'austérité imposé par le gouvernement ; les tensions sociales furent si vives que le gouvernement dut faire appel à l'armée, et il y eut des morts. Dans les années 1960, flamingants et wallingants s'affrontaient parfois à coups de barre de fer. Je vous donne plus de détails :

- 1886 : confrontation entre 10 000 mineurs en grève et 6 000 hommes des forces de l'ordre. Résultat sanglant : 3 morts et 67 blessés.
- 1893 : grèves dans le Hainaut. Des dizaines de morts.
- Le 8 avril 1902, grève nationale pour le suffrage universel : 5 morts à Louvain.
- 1950 : fusillade de Grâce-Berleur, sur les hauteurs de Liège, le 30 juillet. La gendarmerie fit feu sur la foule

qui protestait contre le retour de Léopold III. Bilan : quatre morts, dont trois anciens résistants au nazisme. À la suite de cet événement, un véritable gouvernement wallon fut envisagé, qui entendait convoquer les États généraux de Wallonie sous la protection de syndicalistes armés. Ce gouvernement était chargé de proclamer l'indépendance de la Wallonie, mais l'abdication de Léopold III atténua le mouvement.
- Lors des grèves de 1960, il y eut plus de 700 000 grévistes. Le 6 janvier 1961, le centre de Liège est un véritable champ de bataille. Jusque tard dans la soirée, la ville vit pendant plus de sept heures une véritable insurrection ouvrière. Les travailleurs, excédés de se sentir abandonnés par leurs dirigeants, se battent avec leurs poings nus contre des bataillons de gendarmes qui finissent par tirer sur la foule. On compte deux morts parmi les grévistes et plus de 75 blessés.

Or, il se trouve que toutes ces tensions furent apaisées par la complexité institutionnelle du pays. Une complexité parfois sans queue ni tête (on va en voir de beaux exemples dans la leçon suivante), mais mue par un louable effort de gestion des tensions. De toute manière, entre un immense pays géré par un leader suprême et un petit pays dirigé par mille instances, où est la pire absurdité ?

L'URBANISME À LA BELGE

Un tout dernier point important à l'évocation de la complexité belge : l'urbanisme. Un autre aspect du pays qui contribue à cette désagréable sensation que les choses ne sont pas prises en main.

On a parlé, pour Bruxelles, d'« urbicide », tant la pratique mal cadrée des promoteurs immobiliers dans les années 1960 a défiguré la ville. La consécration est même arrivée, avec le mot « bruxellisation » (*verbrusseling* en néerlandais), pour désigner une ville (re)construite au détriment de tous les canons esthétiques, au motif d'une « modernisation » assez nébuleuse. Autrement dit, *tout ce qu'il ne faut pas faire* dans une ville de cette importance a été fait, en pire. On n'a pas lésiné : destruction de quartiers entiers, y compris de maisons bâties par le génial architecte Victor Horta (1861-1947), pape de l'Art nouveau en Belgique (et notamment son extraordinaire *Maison du Peuple*, détruite en 1962, dont les vestiges terminèrent dans un terrain vague). On a creusé des tunnels très moches, construit des viaducs en plein milieu d'avenues majestueuses... Cela dit, on s'en indigne a posteriori, mais à l'époque les protestations étaient assez minces : la croyance au progrès faisait passer la pilule.

Quelques exemples. À la fin des années 1960 fut construite une tour haute de 102 mètres, qui faisait face aux jardins de l'abbaye de la Cambre et en massacrait la perspective. L'échevin Paul Vanden Boeynants, qui soutenait le projet, prétendit, pour amadouer les comités de résidents hostiles, qu'elle serait transparente, parce que toute en verre (ce qui, quand on la voit aujourd'hui – à peu près aussi discrète que la tour Montparnasse à Paris –, est assez bidonnant).

La situation était d'autant plus gratinée, à l'époque, que parfois des comités de sauvegarde des quartiers parvenaient à leur but, et parfois pas. Or, cette alternance entre succès et échecs des comités de riverains eut des implications urbanistiques encore plus désastreuses ; le résultat fut que l'avenue Louise, par exemple, est bordée de... trois buildings, à côté d'immeubles de taille normale. Ce qui n'a aucun sens, puisque ça donne trois longues tiges qui surplombent bêtement l'artère.

CE TERRIBLE SENTIMENT DE DÉSORDRE !

À Bruxelles, certaines stations de métro n'ont jamais été ouvertes. C'est le cas de la station de métro Sainctelette, par exemple : elle a ses quais, ses escaliers, mais la STIB (la Société des transports intercommunaux de Bruxelles) en est arrivée à la conclusion, après les travaux, que finalement elle était située trop près de deux autres stations de métro. Du coup, elle a préféré laisser tomber. Mais bon, car ça aurait été dommage de gâcher tout ce travail, on a quand même laissé l'indication de la station sur les cartes et les panneaux. Comme ça, il en reste un petit quelque chose.

Quoi d'autre ? L'hôpital d'Etterbeek[1], construit en 1982, ne fonctionna que quelques mois car il était… trop petit. Alors, on a préféré le fusionner avec un autre hôpital (celui d'Ixelles). On pourrait s'en moquer, mais au fond ça dénote d'un certain sens pratique.

Bruxelles a aussi voulu avoir son *World Trade Center*. Parce qu'il n'y a pas de raison. La ville peut donc se targuer d'avoir aujourd'hui trois magnifiques tours de bureaux dans un quartier d'affaires. Bon, bien entendu, les esprits chagrins auront beau jeu de préciser que, initialement, c'étaient huit tours qui étaient prévues, mais comme dit le sage : c'est quand même mieux que rien. Parce que, après tout, ça aurait pu être deux tours, ou une tour, ou zéro tour.

1. Encore une commune de l'agglomération bruxelloise : bientôt vous les connaîtrez toutes !

Évidemment, les projets d'origine étaient plus flamboyants encore : les tours devaient être posées sur des socles, et ces socles auraient dû être reliés entre eux par des passerelles pour piétons. L'idée n'était pas mal, mais voilà, les choses ne se passent pas toujours comme prévu, finalement ça ne s'est pas fait, alors les piétons traversent bien gentiment les rues comme dans n'importe quel quartier, et puis voilà.

Au grand cimetière des projets ambitieux avortés, je me dois aussi d'évoquer la Cité administrative de l'État, un immense complexe de bureaux qui avait vocation à regrouper tous les services jusque-là dispersés aux quatre vents. Précision savoureuse : le but était au départ de limiter les gaspillages (gag). Mais bon, l'État s'est fédéralisé, les choses se sont compliquées, bref « ça ne s'est pas fait » (formule consacrée). Et aujourd'hui, les locaux sont désaffectés[1]. Précisons enfin – j'ai gardé le meilleur pour la fin – que la Cité fut revendue à des promoteurs privés en 2003.

J'en ai encore pas mal au frais, si vous voulez[2] : un tunnel routier à Anvers qui ne fut jamais ouvert aux usagers, car finalement son plafond n'était pas assez haut pour laisser passer les poids lourds et les autobus. Ah zut, les gars, on aurait dû mesurer avant !

---

1. Enfin non, pas tous : il nous reste une belle tour des Finances, où sont réunis les services des impôts, et elle il faut lui laisser qu'elle est bien. Hélas, comme souvent en Belgique, il y a le petit truc qui fait que ça foire : la signalétique des bureaux. Les murs sont nickel, les couloirs impeccables, les ascenseurs irréprochables, mais les locaux sont indiqués par des petits bouts de papier, dans des chemises agrafées, collés avec un autocollant brun.

2. Un tout grand merci au « Grand Journal des travaux inutiles », qui fut longtemps diffusé sur la RTBF, et pourvoyeur des exemples ici cités.

– Hey les gars, on va construire un tunnel exclusivement pour les Smart, les Fiat 500 et les Mini !

– Et les cuistax ?

– OK pour les cuistax !

– Ouaaais, chouette idée !

En partant de Bruxelles pour vous rendre à Anvers, vous pourrez admirer un magnifique terre-plein de plusieurs dizaines de mètres de large, entre vous et la bande opposée. Au début, l'idée était d'installer une autoroute express sans échangeurs, mais bon vous savez comment c'est, n'épiloguons pas (vous pensez bien que si tout s'était passé comme prévu, je ne vous en aurais pas parlé). Enfin, tout n'est pas si noir : on a quand même construit une voie ferrée à la place, en tout cas sur un petit bout. On aurait pu bâtir au moins cinquante terrains de foot sur le tronçon restant, mais on ne l'a pas fait. Sans doute par crainte que les footballeurs se fassent écraser en traversant.

Sinon, il y a encore la fameuse histoire du pont de Varsenare. Petit topo : vous aviez un pont qui enjambait la voie ferrée Bruges-Ostende, et un autre, deux cents mètres plus loin, qui enjambait quant à lui… du vide. En même temps, je me moque, mais un peu d'esprit critique peut amener la question suivante : pourquoi toujours construire des ponts utiles ? C'est vrai, quoi ! Cessons de céder sans cesse à la logique de l'utilitarisme ! C'est ultra-conventionnel, cette mode de toujours vouloir que les ponts servent à quelque chose. Et la beauté du geste architectural, couplée à la grandeur du génie civil, vous en faites quoi ? Ah, et aussi : le ring de Mons à Houvré devait contourner la ville, le bitume de l'autoroute avait été coulé, mais le prolongement n'a jamais vu le jour. Pourquoi ? Parce que c'est comme ça, Monsieur *curieuzeneuze mosterdpot*[1] ! Terminons par une note positive, avec un bel exemple de sens pratique : un tunnel sous les quais de Liège qui devait accueillir une ligne de métro, mais (devinez quoi) ce métro n'a pas été construit. Du coup, le tunnel fut reconverti en lieu de stockage.

À force, tous ces travaux ont instillé dans les esprits belges une perception le plus souvent négative des grands travaux d'intérêt général. Louvain-la-Neuve, par exemple, fut construite à partir du début des années 1970, puisque les francophones avaient été chassés de Louvain, grande ville universitaire au rayonnement international. On aurait pu s'en réjouir, s'en féliciter, admirer la prouesse : une ville bâtie de toutes pièces en quelques années, quel défi relevé, il fallait le faire ! Mais non. On a juste dit que c'était moche, et qu'une brise glacée y soufflait en hiver.

Bref : la Belgique, c'est compliqué.

---

1. Expression savoureuse, typiquement bruxelloise, qui peut se traduire par « un pot de moutarde pour le nez du curieux ». En clair : la curiosité est un vilain défaut, à force de fourrer son nez partout on risque des déconvenues.

QUIZZ

Arrivés au bout de ce huitième chapitre, vérifions à présent si vous en avez bien intégré toutes les données.

Êtes-vous en mesure de répondre aux 10 questions suivantes ?

1° Que désigne la Communauté française de Belgique ?

a/ la communauté des Français résidant en Belgique.

b/ l'une des trois communautés fédérées de Belgique[1].

Réponse : b. *(Si vous ne comprenez pas pourquoi cette Communauté s'appelle « française » alors qu'elle ne l'est pas, sachez que c'est une bonne question.)*

2° Où eut lieu la plus longue crise politique occidentale de l'après-guerre ?

a/ nulle part.

b/ en Belgique.

La bonne réponse est b. *(Surprise !)*

1. Qui se désigne elle-même sous le nom de Fédération Wallonie-Bruxelles depuis mai 2011, sans que sa dénomination constitutionnelle ait été changée.

3° Qu'est-ce que les négociations gouvernementales connaissent à foison ?

a/ des semaines cruciales.

b/ des réunions de la dernière chance.

Les deux réponses sont valables.

4° Quelle est l'institution belge qui porte le plus mal son nom ?

a/ les communes à facilités.

b/ *(J'ai cherché un autre exemple, mais je n'ai pas trouvé.)*

Devinez.

5° Qu'est-ce que le bilinguisme externe, dans une administration ?

a/ l'administration travaille dans une seule langue, mais communique dans deux langues avec le public.

b/ l'administration travaille dans deux langues quand ses bureaux sont situés à l'extérieur.

La bonne réponse est a.

6° Que contestent les trois bourgmestres de la périphérie ?

a/ la société de consommation et le capitalisme financier.

b/ les circulaires du gouvernement flamand qui imposent l'envoi de convocations aux habitants d'abord en néerlandais.

La bonne réponse est b.

7° La région de Bruxelles-Capitale est bilingue, mais l'enseignement n'y est pas bilingue.

a/ vrai.

b/ faux.

La bonne réponse est a. *(Sinon, je ne vois pas pourquoi je vous aurais posé la question.)*

8° Qu'est-ce que la bruxellisation ?

a/ une doctrine d'extrémistes bruxellois, qui visent à bruxelliser la planète entière.

b/ un terme utilisé par les urbanistes pour désigner une ville tout entière livrée aux promoteurs immobiliers, au détriment de tous les canons esthétiques, au motif d'une « modernisation » assez nébuleuse[1].

La bonne réponse est b.

9° Pour quelle raison la station de métro Sainctelette, à Bruxelles, quoique achevée, ne fut-elle jamais ouverte ?

a/ parce que son nom était trop moche.

b/ parce qu'elle était située trop près de deux autres stations de métro.

La bonne réponse est b.

10° Quel fut l'argument en béton invoqué par Paul Vanden Boeynants pour couper l'herbe sous le pied aux comités de résidents hostiles à la construction d'une tour haute de 102 mètres à Bruxelles ?

a/ elle serait transparente.

b/ ça aurait pu être pire : elle aurait pu mesurer 103 mètres.

La bonne réponse est a.

1. Je reprends mot pour mot ce que j'ai écrit dans le cœur du chapitre, pour vous faciliter la tâche.

RÉSULTATS DU QUIZZ

Si vous avez pu répondre à plus de 8 questions sur 10, vous venez de passer avec succès la huitième étape pour devenir belge. Vous êtes un génie. On y est presque !

Leçon n° 9 :

MAÎTRISEZ LA QUESTION LINGUISTIQUE

OÙ L'ON APPREND AVEC DÉLECTATION QUE LES TENSIONS ENTRE FLAMANDS, WALLONS ET BRUXELLOIS SONT À LA FOIS DRAMATIQUES ET PAS GRAVES DU TOUT

Pour évoquer la question linguistique, rien de tel qu'une bonne petite analyse des pancartes routières, excellent indicateur (c'est le cas de le dire – ha, ha !) de la coexistence entre les communautés.

Aux alentours de Bruxelles, sont accrochées toute une série de doubles pancartes, dont la partie supérieure indique *Atomium*, et la partie inférieure *Atomium*. Pourquoi deux fois *Atomium* ? Pour respecter la parité linguistique, pardi ! Un Atomium en français, l'autre en flamand ! Qu'y peut-on si le mot s'écrit de la même manière dans les deux langues ? Reste bien évidemment à savoir si c'est la version francophone qui se trouve au-dessus, ou si c'est l'inverse. Sans doute la question a-t-elle fait l'objet d'un débat houleux au sein du conseil communal.

Ce panneau est bizarre, mais pas anormal, puisque (je le répète, car il faut bien que ça rentre) Bruxelles est une ville bilingue. Elle est enclavée en plein territoire flamand : il est impossible de la rejoindre sans traverser une partie du Brabant flamand, comme il était impossible, avant 1989, de rejoindre Berlin-Ouest sans survoler l'Allemagne de l'Est, mais bon, ici c'est moins grave. Or,

Bruxelles ne fait pas pour autant partie administrativement de la Flandre, même si… elle en est la capitale. Dieu que c'est compliqué !

Depuis 1962, son bilinguisme est officiel et administratif ; chaque nom de rue le rappelle : avenue du Général de Gaulle (Generaal de Gaullelaan), rue des Tulipes (Tulpenstraat), rue de l'Aquarium (Aquariumstraat). Cette fréquente homonymie entre les deux langues est plutôt stupide : on se dira que, quitte à se disputer pour des questions de langues, autant le faire pour des langues bien distinctes ; il suffit d'écouter un Flamand faire ses courses chez le boulanger pour s'en convaincre : « Twee carrés confituur, drie croissants à la crème *alstublieft*[1]. »

Bon, allez, j'exagère ; il est vrai que les langues sont parfois très différentes : « indépendance » se dit *onafhankelijkheid*, « se tordre de rire » se dit *ineenkrimpen van het lachen*, « je t'aime » se dit *ik hou van jou*. Cette différence est d'ailleurs parfois gênante pour les francophones qui ne maîtrisent pas le néerlandais ; ainsi, par exemple, lorsqu'il y a des travaux sur les routes, des flèches indiquent (comme dans tous les pays) « Déviation ». Mais il se trouve que déviation, en flamand, ne se dit pas « deviatie » (c'eût été trop simple), mais bien *omlegging*. C'est ainsi qu'on raconte souvent, pour plaisanter, que les Français de passage en Belgique désirent souvent se rendre à Omlegging vu que c'est indiqué partout, mais qu'ils n'y arrivent jamais.

De la même manière, un Français qui se rend à Lille au départ de Bruxelles, s'il suit attentivement les panneaux, peut se perdre, alors que tout est signalé. Le pauvre est en

1. *Alstublieft* : s'il vous plaît.

effet tenu de traverser une partie de la Flandre, où la loi interdit que les panneaux indiquent les noms des villes en français. Or, s'il ignore que *Rijsel* désigne Lille, *Bergen* Mons, *Namen* Namur ou *Luik* Liège… il se perd à coup sûr !

Cela dit, le sel ne s'arrête pas là : Charleroi, par exemple, devinez comment ça se dit en flamand ? Eh bien, ça se dit… Charleroi ! Alors là, bravo. Comme aurait dit Lao-Tseu : ça valait bien la peine. Car du coup, sur les tronçons flamands d'autoroutes belges (ou alors, faut-il dire les autoroutes flamandes ?), on peut lire : « *Namen* : 8 km, *Luik* : 34 km, *Rijsel* : 52 km, Charleroi : 19 km ». Donc, certaines villes sont repérables par le francophone ! Les Flamands auraient quand même pu faire un effort, pour de simples raisons d'homogénéité linguistique, et trouver un équivalent germanique. « *Karlkoning* », par exemple, et c'était réglé ! Mais non. Rien. Imaginerait-on, en Chine : « Dangyang : 18 km, Fushun : 24 km, *Charleroi* : 14 km » ?

En plus, sur sa route, le malheureux aura le tournis puisque avant de parvenir en Wallonie, en moins de trois minutes il verra défiler sous ses yeux les panneaux (attention : ici, reconstitution en temps réel) « Vous quittez la région de Bruxelles-Capitale », « Welkom in Vlaanderen », « Bienvenue en Wallonie ». Mazette ! Enfin bon, comme disait l'autre : c'est gentil de nous tenir au courant. On pourrait pousser la logique à son terme ; pourquoi ne pas indiquer à l'entrée de chaque rue : « Bienvenue dans l'avenue Mozart », puis « Vous quittez l'avenue Mozart » ? Ou mieux encore : « Vous allez pénétrer dans le rond-point Churchill » ; « Le rond-point Churchill vous souhaite la bienvenue » ; « Rond-point Churchill : ses arbres, ses arrêts de tram, la bonhomie de ses résidents ». Au fond, tant que nous y sommes, il faudrait également trouver des armoiries à chaque rue, des drapeaux et des chants. Et si par malheur un observateur sarcastique venait à moquer ces initiatives, il sera toujours possible de le poursuivre en justice pour oppression d'une minorité et dénigrement culturel.

Petit catalogue de douceurs

• En janvier 2013, des travaux eurent lieu rue Belliard, une célèbre artère bruxelloise. Une pancarte les signalait en ces termes : « Tunnel Belliard : passage difficile de 20 heures à 13 heures » puis, plus bas sur la même pancarte : « *Belliardtunnel. Sterke hinder van 20u tot 14u30* ». Vous avez bien lu : des horaires de difficulté de passage qui diffèrent en français et en flamand ! Sur une pancarte officielle ! Donc, on imagine, lue et relue ! D'une manière plus générale, les panneaux sont assez souvent un excellent indicateur des charmes belges ; on en a ainsi vu qui annonçaient « Bruxelles : 20 km » avec flèche vers la gauche, et « *Brussel : 14 km* », avec flèche vers la droite.

• En 2011, la ministre bruxelloise flamande Brigitte Grouwels, chargée des transports en Région bruxelloise, proposait aux chauffeurs de taxis locaux de signer une charte de bonne conduite aux couleurs de la Flandre (l'en-tête de cette charte était jaune et noir). Elle était déjà parvenue à imposer ces couleurs sous forme de damiers sur le flanc des véhicules. Le progrès est en marche ! La prochaine étape : le port obligatoire de l'uniforme noir et jaune ? Un brassard ? Un képi ? Ou la teinture des cheveux en noir et en jaune ? Des lentilles de contact, avec un œil noir et un œil jaune ?

• Il y a quelques années, les poteaux des feux rouges flamands furent repeints en jaune et noir (les couleurs du drapeau flamand). C'était ridicule, bien entendu. Mais quelle aurait été l'alternative ? En voulant lutter contre cette mesure ridicule, on en venait à être ridicule soi-même, puisque obligé de dire : « Ce noir et ce jaune, ce n'est pas bien ; il faut en revenir aux poteaux rouge et blanc, comme on a toujours eu en Belgique ! Parce que rouge et blanc, c'est bien, et que noir et jaune, ce n'est pas bien. » Ce qui n'aurait guère été plus glorieux.

• La France a sa Fédération française de tennis de table. C'est clair, c'est net. La Belgique, elle, a sa FRBTT (Fédération royale belge de tennis de table) *et* sa FROTTBF (Fédération royale ouvrière de tennis de table belge francophone). Comme elles ont fait scission, les petits francophones qui le désirent doivent à présent s'affilier à l'une ou à l'autre. C'est compliqué, nous en sommes d'accord. Mais il en va ainsi de tous les sports : quasi toutes les fédérations sont scindées, la dernière à avoir passé le cap étant l'Association royale belge de hockey, qui a voté en juin 2012 sa scission avec *la Ligue francophone de hockey* et la *Vlaamse Hockey Liga*. Une fois encore, vu de loin, c'est très ridicule... Sauf que, au final, en quoi une fédération sportive serait-elle moins ridicule qu'une fédération francophone et une fédération flamande ? Ne juge-t-on pas tout simplement ridicules les choses auxquelles on n'est pas habitué ?

• L'Opéra royal de la Monnaie est une institution fédérale, donc bilingue. Ce qui n'est pas le cas du Conservatoire royal de musique qui, lui, n'est pas bilingue. Ne me demandez pas pourquoi ; c'est comme ça, et c'est comme ça parce que c'est pas autrement : l'opéra est bilingue, le conservatoire pas. Si bien que lorsque vous pénétrez dans l'enceinte du conservatoire, il vous faut faire votre choix à la porte d'entrée : aller chez les Flamands à gauche, ou chez les francophones à droite (à moins que ce ne soit l'inverse). Mais bon, attention : le conservatoire dispose encore d'une cantine commune. Flamands et francophones mangent donc ensemble, en commandant leurs plats dans leurs langues respectives. On se dira sans doute que c'est logique, que tout de même, dans un seul bâtiment, on ne va pas faire manger les gens dans deux cantines différentes ! Eh bien… si. C'est le cas dans les locaux de radio-télévison publique belge, avec d'un côté la RTBF (francophone), et la VRT (son équivalent flamand). Toutes deux logées sous le même toit, avec entrée commune, de part et d'autre d'une allée centrale. Et deux cantines, situées à quelques mètres l'une de l'autre. Mais attention : nous ne sommes pas encore en Corée ; les francophones peuvent aller manger chez les Flamands ! Ce qui arrive, car il paraît que c'est meilleur.

• Chaque communauté est enfermée dans sa propre sphère médiatique ; très rares sont les francophones qui regardent la télé flamande, et vice versa. À tel point que l'immense majorité des francophones de Belgique ignorent jusqu'au nom des chaînes flamandes. Et ne parlons même pas des présentateurs, ou des célébrités ! D'énormes stars flamandes, qui ne peuvent se promener dans les rues flamandes sans être assaillies par des hordes de fans, n'ont qu'à se déplacer de quelques centaines de mètres pour se retrouver dans la partie francophone du pays où elles sont totalement ignorées de tous. Demandez à un francophone le nom d'une célébrité flamande, une seule, dans quelque domaine que ce soit : il aura besoin de plusieurs secondes de réflexion. Idem dans l'autre sens, bien entendu.

• Il existe, à Bruxelles, deux chaînes de télé locales : Télé Bruxelles, et TV Brussel. Qui couvrent donc un territoire similaire, mais dont les programmes sont absolument incomparables, sur le fond comme sur la forme. Cela dit, parfois c'est plus rigolo encore : la station de radio Nostalgie, très populaire en Belgique, connaît un équivalent flamand qui s'appelle… Nostalgie. Car « nostalgie », en flamand, ça se dit aussi *nostalgie*. Mais encore tout change au niveau de la prononciation du « g ». Nostalgie, en français, se prononce « *nostaljie* », mais en néerlandais on dit « *nostalchie* ». Enfin, pas vraiment « ch », disons plutôt une espèce de bruit que l'on fait en mangeant une patate chaude quand on a mal à la gorge. Un genre de *gkkrchgh*. Il faudrait que je vous montre. Toujours est-il que c'est le même logo, mais que ce ne sont pas du tout les mêmes radios.

• L'été dernier, je fus le témoin d'une scène absolument déchirante : alors que ma nièce de huit ans vendait des fleurs en papier sur la plage, elle fut accostée par deux petites filles de son âge, mais néerlandophones. Eh bien, la transaction ne pouvait pas se faire. Je crus, sur le moment, assister à la première confrontation entre Christophe Colomb et les Amérindiens : les unes demandaient combien coûtaient les fleurs, et ma nièce ne comprenait pas la question ; et quand elle proposa un prix, les petites filles n'ont pas compris ce qu'elle disait. Je suis intervenu quand sont apparues les premières larmes.

• Dans les Colruyt (une enseigne de supermarchés *low cost*) la boucherie est à part. Pendant que vous y faites vos grosses courses, vous baladant bien à votre aise dans les rangées, vous ne manquerez pas de tomber sur le rayon boucherie, qui a ceci de particulier qu'il faut y remplir une fiche, puis attendre sa convocation après que la pièce de viande aura été coupée selon vos *desiderata*. Alors on vous appellera.

– Monsieur Dupont, numéro 365 !

– *Meneer Vanderbiest, nummer 786* !

Jusque-là, tout le monde s'accordait plus ou moins, le boucher appelait le client en fonction de sa langue, un coup en néerlandais, un coup en français. Mais peu à peu des tensions se sont fait jour, et une onde de révolte a parcouru les Colruyt du Brabant flamand, pourtant fréquentés par de très nombreux francophones, et du coup tous les appels ont été passés en flamand. Mais bon, encore une fois, est-ce si grave ? Faut-il invoquer l'indispensable respect dû aux minorités linguistiques, ou s'en foutre et rigoler ?

• Le film *Les Aventures de Tintin*, de Steven Spielberg, sorti en 2012, a connu un assez faible succès en Flandre, car pas mal de nos chers voisins du nord n'ont pas apprécié que l'affiche flamande indique Tintin, et non *Kuifje* (le nom néerlandais du héros d'Hergé). En fait, c'est encore plus subtil, car il était effectivement indiqué « Tintin » en grand sur l'affiche, mais le sous-titre était : *De Avonturen Van Kuifje : Het Geheim Van De Eenhoorn* (*Les Aventures de Tintin : le secret de la Licorne*). Un compromis étrange, une fois de plus.

• En janvier 2013, le fabricant de téléphones portables Nokia a mis à jour son service de navigation Nokia Maps, présenté comme le fer de lance de sa nouvelle génération de GSM appelée Nokia Pulse. Mais, patatras : en encodant « anglais » comme langue d'utilisation dans l'onglet « Préférences », on est dirigé vers la version flamande de la carte de Bruxelles. Un touriste américain ou japonais ne trouvera donc pas la place mondialement connue sous le nom de Grand-Place, il devra chercher la *Grote Markt*. Le jardin botanique ? *Kruidtuin*. Comme disait l'autre : ça valait bien la peine de mettre au point la technologie la plus sophistiquée de tous les temps, pour ensuite encoder des noms de lieux introuvables pour la plupart des gens.

• La majorité des bébés bruxellois fréquentent des crèches gérées par la Communauté française, qui impose l'administration de certains vaccins. Mais il existe une minorité de crèches bruxelloises qui dépendent de la Communauté flamande, laquelle n'exige pas les mêmes vaccins. Du coup (c'est compliqué, mais ça vaut la peine de s'accrocher), certains parents dont les enfants fréquentent une crèche flamande, désireux de ne pas inoculer des vaccins précis à leurs enfants dans le but de leur faire « avoir la maladie » (rougeole, rubéole, oreillons), sont confrontés à un gros inconvénient : leurs enfants n'ont que peu de risques de rencontrer les virus de ces maladies… puisque la plupart des bébés autour d'eux sont vaccinés ! Ils ne développent donc pas l'immunité nécessaire. Et voilà comment une organisation administrative précise peut avoir des conséquences inattendues.

• Pour cette anecdote-ci, concentrez-vous bien : la mise à quatre voies de la ligne 124 du réseau ferré entre Bruxelles et Nivelles, à hauteur d'Uccle, est actuellement compromise à la suite de deux décisions de la dixième chambre (flamande) du Conseil d'État qui a annulé à deux reprises le permis de bâtir délivré par la Région bruxelloise. Motif invoqué : le projet concerne indirectement la Région flamande parce qu'une petite partie de la gare de Linkebeek (située en Flandre), non directement concernée par les travaux… est flamande. Les documents officiels de l'enquête publique auraient donc dû être, de ce fait, présentés uniquement en néerlandais. J'ai mené ma petite enquête : le tronçon en question est long de 1307 mètres très précisément, et il est situé en Région bruxelloise. Et la gare de Linkebeek, située dans sa plus grande partie en Région bruxelloise, est certes concernée par le permis, à ceci près que la partie de cette infrastructure située en Flandre ne subira nullement de transformation dans le cadre de la mise à quatre voies. Cela n'a pas empêché l'annulation, à deux reprises, du permis demandé. Le Conseil d'État est allé plus loin, exigeant que les documents soient rédigés et présentés exclusivement en néerlandais. Ce qui impliquerait de reprendre toute la procédure depuis le début. Et donc, d'introduire un permis en néerlandais dans une Région bilingue. Enfin bref…

• Lors de la scission de l'université de Louvain en 1968[1], il a fallu diviser la bibliothèque en deux. Celle-ci comptait 1,6 million de volumes, soigneusement répertoriés et numérotés, ce qui faisait quand même pas mal de boulot. Alors, petite devinette : comment procéda-t-on au partage pour qu'il soit équitable ? Je vous le donne en mille : les numéros pairs pour les francophones, et les numéros impairs pour les néerlandophones[2] ! Eh ben

1. La flamandisation de l'Université catholique de Louvain, située en région flamande, a provoqué une véritable crise politique, de novembre 1967 à mars 1968.

2. Sur le site de l'université de Louvain, les choses sont expliquées de cette manière, en toute sobriété : « La bibliothèque de Louvain fut scindée en deux entités distinctes : la Bibliothèque centrale de l'Université catholique de Louvain et l'Universiteitsbibliotheek de la Katholieke Universiteit te Leuven. Les documents furent répartis paritairement entre les deux nouvelles structures. Les livres étant tous numérotés (comme dans toute bibliothèque qui se respecte), la bibliothèque fla-

quoi ? Il fallait bien trouver un critère ! On pourrait même – presque – soutenir que ce fut une sage décision, un gage de maturité démocratique et de respect mutuel, puisque en d'autres temps et d'autres lieux, l'une des parties aurait insisté pour tout garder, l'autre se serait rebiffée, la situation aurait dégénéré, donnant lieu à une guerre des bibliothèques, laquelle aurait peut-être débouché, qui sait, sur une guerre tout court ? D'accord, je me laisse peut-être un peu aller, mais comment partager une bibliothèque selon des critères moins stupides ? À moins de négocier livre par livre ? Ceci posé, l'histoire ne dit pas ce qu'il advint des romans en plusieurs volumes : quid d'*À la recherche du temps perdu*, par exemple ? Les Flamands ne pouvaient-ils lire que les tomes 1, 3, 5 et 7, et les francophones les 2, 4 et 6 ?... Or, comment comprendre *Le Côté de Guermantes* sans avoir lu *À l'ombre des jeunes filles en fleurs* ?

Parfois, ça ne rigole plus

• Dans sa chanson *Landmij* (2011), le chanteur néerlandais Daan – une sorte de Dean Martin mâtiné de Tom Waits – interpellait Bart De Wever, le leader indépendantiste flamand, en ces termes, que nous traduisons le plus fidèlement possible :

Ton pays n'est pas mon pays
Parce que ton pays est un champ de mines
Ta stratégie du cul-de-sac

mande garda les livres à numéro impair, et la francophone les livres à numéro pair. »

Président des mort-nés
Céréale flamande corpulente
Pédant pathétique
Embêteur ambulant
Euphémisme d'un gênant flop
Videur de bon sens
Nageur sans rive

Pour le coup, cette sortie ne passa pas inaperçue : dans une interview parue quelques semaines après la sortie de la chanson, l'artiste déclara en l'espèce qu'on l'avait traité de traître et même de collaborateur.

« J'ai reçu beaucoup de mails haineux. La tendance générale étant qu'on devrait me supprimer les subsides du gouvernement flamand[1]. J'ai aussi reçu un e-mail appelant à m'envoyer des bananes lors de mes prochains concerts en Flandre. »

• Maints autres chanteurs se sont attirés des foudres pour avoir célébré la Belgique, ses moules, ses frites, la mer du Nord, l'amitié entre les communautés. Ainsi du groupe Clouseau, très populaire en Flandre, qui eut à essuyer une pluie de critiques pour avoir chanté en 2009 *Leve België* (*Vive la Belgique*). La chanson était bilingue, et pas spécialement passéiste : ils y reconnaissaient les différences culturelles, le coq wallon, le lion des Flandres, etc. Mais malgré cela, quelle volée de bois vert ! Du fait d'une partie de la presse, mais également de maints représentants politiques, y compris de ministres. Geert Bourgeois, par exemple, alors vice-ministre président flamand,

1. Ah oui, j'avais oublié : en Belgique on ne dit pas « subvention », mais « subside ».

chargé des Affaires intérieures, de l'Intégration et de la Périphérie bruxelloise, s'en prit violemment à la chanson : selon lui, elle était trop gentille pour la Belgique, elle était dépassée, sur le retour, en porte à faux avec la réalité, elle « tentait d'éveiller une émotion belgicaine par des rimes de piètre qualité qu'il n'aurait lui-même pas osé présenter ».

• Quelques slogans flamingants éminemment déplaisants : *Die gehate Belgie, voor Belgikske nikske* (Cette Belgique haïe, pour un petit rien belge), *Belgie Barst* (Belgique, crève), *Franse ratten rol uw matten* (Rats français, pliez vos bagages).

• Lorsque Jacques Brel est mort, des Flamingants affichèrent sur un pont d'autoroute : *Brel is dood, hourrah*[1] ! Il faut dire qu'il les avait un brin provoqués, le bougre ! Dans sa chanson *Les Flamingants*, en 1978, il disait :

> Messieurs les Flamingants, j'ai deux mots à vous rire
> Il y a trop longtemps que vous me faites frire (…)
> Nazis durant les guerres et catholiques, entre elles

Cerise sur le gâteau :

> Et je vous interdis d'obliger nos enfants
> Qui ne vous ont rien fait, à aboyer flamand

• L'Association pour la promotion de la francophonie en Flandre, qui défend les 350 000 (eh oui !) francophones habitant de l'autre côté de la frontière linguistique, n'hésite pas à parler de génocide culturel, puisque les francophones de Flandre ne sont pas considérés comme une minorité, et ne bénéficient donc pas des lois

1. Brel est mort, hourra !

protectrices des minorités. Puisque je vous dis que c'est parfois chaud !

• Le *New York Times* écrivait en mai 2012, à propos du mouvement flamingant : « Cette combinaison de fierté nationale, de politique de droite, de pureté linguistique et d'opposition au relent racial à l'immigration est une formule classique ces derniers temps dans l'Europe moderne, ce que les critiques appellent une forme non violente de fascisme. » *De tchos*, comme on dit en Belgique !

• Des députés français, lors d'un débat à l'Assemblée nationale française, n'ont pas non plus mâché leurs mots. Jean-Pierre Kucheida (PS) a souligné que les politiques flamands agissent comme des « égoïstes, ingrats, et même fascistes par certains comportements, proches de l'exaction ». Pour Jacques Myard (UMP), on observe depuis des décennies que « ce qui se passe en Flandre est assez démentiel, en tout cas indéfendable. Quand on viole à ce point les règles européennes, lorsqu'on observe une telle remise en cause des possibilités de parler sa langue, je ne peux que dénoncer des méthodes fascistes. Cela fait frémir ». Et pour Christian Bataille (PS), « la Belgique qui a tenu, et bien tenu, face à l'Histoire, est aujourd'hui confrontée à une telle exacerbation nationaliste… Le discours de Bart De Wever comporte beaucoup d'éléments communs à l'extrême droite autrichienne ou italienne : intolérance, égoïsme, racisme, refus de l'étranger ».

• Il faut dire que les situations sont parfois sidérantes. Geertrui Van Rompuy, l'épouse du président du Conseil européen, Herman Van Rompuy, dirige la liste unique flamande Respect à Rhode-Saint-Genèse, une commune de la périphérie bruxelloise, située en Flandre mais composée d'une immense majorité de francophones. Eh bien, le numéro deux de sa liste, Ludo De Becker (qui s'est entre-temps rétracté) invitait en 2008 «les rats wallons à plier bagage»! À la même époque, il avait également pastiché l'affiche du film *Der Untergang* (*La Chute*, avec Bruno Ganz), qui représentait Hitler peu avant sa mort, en remplaçant le visage du nazi allemand par celui du roi Albert II. Quel pays, mes amis, quel pays!

Mais au fond, est-ce si grave ?

Chaque année, des dizaines de milliers de Flamands participent à une promenade cycliste symbolique autour de Bruxelles, appelée *De Gordel.* Des pères et mères de famille avec leurs enfants font le tour de Bruxelles à vélo, pour indiquer aux francophones qu'ils sont encerclés. Ce qui n'est pas le meilleur gage de sympathie qui soit. C'est même agressif, antipathique, franchement déplaisant. Dans le même temps, ce ne sont pas des chemises noires ou des types à crânes rasés; ce sont des gens comme vous et moi (quoique souvent à moustaches blondes, côté masculin), avec leurs mioches en tricycle. On est loin de la marche sur Rome de Mussolini. Et puis bon, on a vu activisme plus féroce: s'il pleut, il n'y a quasi personne. Et même s'il fait beau, vers 17h30 tout le monde rentre bien à l'aise à la maison, parce que demain il y a école et qu'il faut faire les courses au Delhaize[1]. D'ailleurs, lors du dernier *Gordel*, en septembre 2012, le Premier ministre Elio Di Rupo (francophone) a déclaré: «Cela reste avant tout

1. Je suis fier de mon exemple, alors je le ressors!

un événement sportif et familial», précisant d'ailleurs que «beaucoup de familles francophones y participent» (!).

À l'entrée de la commune de Dilbeek, dans la périphérie bruxelloise, il est indiqué: «Dilbeek, *waar Vlamingen thuis zijn.*» Ce qui signifie: «Dilbeek, où les Flamands sont chez eux» (ou «à la maison»). On a déjà vu plus accueillant. En même temps, comment dire... c'est vrai! Car à y regarder de plus près, il n'est pas marqué: «Dilbeek, où *seuls* les Flamands sont à la maison.» C'est bien entendu ce qui est suggéré, mais enfin ce n'est pas ça qui est indiqué. Donc: là encore, si ça amuse le conseil communal d'imprimer de telles platitudes sur des pancartes officielles, alors qu'il y aille; si ça en amuse d'autres de s'en indigner, qu'ils y aillent aussi, mais enfin, dans la série tempête dans un verre d'eau, on tient le pompon. D'ailleurs, j'envisage personnellement d'accrocher une plaque sur la façade de mon immeuble: «*4e étage, où Gilles Dal est chez lui.*» Ce sera pathétique, tout le monde se foutra de ma poire, mais enfin bon je n'aurai qu'à l'assumer.

La commune d'Overijse organise un bureau de délation anti-francophones. Je vous le jure. Tout «bon citoyen» découvrant des enseignes de magasins francophones est invité à écrire à l'adresse *taalklacht*@gmail.com, littéralement: «plainte-linguistique@gmail.com». On pourrait aller plus loin, évidemment, et suggérer l'adresse je-denonce-mon-voisin@gmail.com. Encore une très chouette initiative!

Le 14 février 2012, l'école flamande Sint-Pieterscollege, située à Jette[1], a décidé de punir les enfants qui parlaient

1. Encore une commune de l'agglomération bruxelloise: quand on vous disait que bientôt vous les connaîtrez toutes!

le français dans l'enceinte de l'établissement. La directrice des lieux venait de publier un avis à l'attention des parents, lequel stipulait qu'« un bon linguistique sera distribué aux enfants qui parlent français dans la cour de récréation. Si du 27 février au 30 mars l'enfant reçoit trois bons, il devra assister à une séance d'étude linguistique le lundi 26 mars entre 15 h 15 et 17 h 45 ». On notera au passage, et c'est sans doute ce qui est le plus savoureux, que seule la langue française est proscrite, cet avis ne visant par exemple pas l'anglais. On est donc passé, dès cet instant, à un cap supérieur au précédent scandale, datant de 2006, lorsque l'école flamande de Merchtem avait interdit l'usage de tout autre langue que le néerlandais à l'école en son sein. Ce qui impliquait que deux frères francophones inscrits à cette école étaient tenus de se parler en néerlandais s'ils se croisaient dans la cour de récré.

En novembre 2012, un « échevinat des affaires flamandes » a été créé à Alost. Avec cette explication savoureuse de l'échevin : « Nous assistons à une francisation de la ville. C'est ce que nous appelons le *phénomène chemin de fer*, lié au fait que notre ville se trouve non loin de Bruxelles sur la voie vers Gand. Nous accueillons le trop-plein de Bruxellois. Nous ne sommes pas contre le français, tout le monde est bienvenu, nous ne sommes pas racistes. Mais on doit apprendre la langue pour s'intégrer. » Passons sur le traditionnel « je ne suis pas *raciste*, mais », et savourons ensuite l'emploi même du mot raciste, qui suggère carrément (aurait-on passé un cap ?) une différence de race entre francophones et Flamands ! Et puis bon, je dis ça, mais je me souviens que le Belge s'exprime mal, et qu'il ne réfléchit pas toujours bien aux mots qu'il emploie.

Il existe aussi des flamingants *expansionnistes*. Des flamingants qui se réfèrent à la Flandre française, laquelle comprenait Lille, Douai, Dunkerque, Bailleul, Arras, Boulogne, Maubeuge. Leur argument : leur région fut arrachée militairement aux Pays-Bas espagnols par la France de Louis XIV à la fin du XVIIe siècle. D'où des velléités de *reconquista* flamande, partant de l'idée que les Français ont abusivement éradiqué la culture flamande, seule légitime sur ce territoire. Leur intention à terme (terme très lointain, on le devine) est de reconstituer la « grande nation néerlandaise », qui était composée jadis des Pays-Bas actuels, de la Belgique actuelle et du nord de la France actuelle.

Le plus amusant, c'est que la plupart de ces flamingants sont… français. Des Français flamingants qui ne parlent pas le flamand. On découvrit ainsi, il y a quelques années à la télévision, au fil d'un reportage devenu célèbre, des Français débouler à un défilé flamingant, et se balader fièrement leur drapeau flamand à la main, tout en parlant en français aux militants. Lesquels militants, dans un premier réflexe, leur disent bien évidemment de parler flamand, à quoi les malheureux Français leur répondent qu'ils ne parlent que le français, qu'ils sont français, qu'on les a forcés, et que si ça ne tenait qu'à eux bien entendu ils parleraient le flamand. Et là, les flamingants leur sourient, et leur parlent de bon cœur en français.

Cela dit, on peut toujours compter sur le bon sens belge pour tourner ce genre d'initiative en dérision. On aperçoit ainsi (toujours lors de ce reportage) une discussion entre l'un des militants flamingants français et un Wallon, au détour d'une aire d'autoroute :

– Attends, je comprends pas… t'es français, et tu veux te rattacher à la Flandre ?

– Ben oui ! Avant Louis XIV, on était flamands !

– Qui ça, on ?

– Ben nous ! Les Flamands du nord de la France !

– Attends... mais avant d'être français, vous étiez quoi ?

– Beuh... je sais pas : *homo sapiens* ?

– Ben alors pourquoi tu sors pas aussi ton drapeau *homo sapiens* ?

Logique !

Une autre anecdote assez révélatrice : des touristes français de passage à Anvers s'assoient à la terrasse d'un café et commandent un café, en français. La réponse du barman : « *In het Vlaams, alstublieft* » (en flamand, s'il vous plaît). Leur réponse : « Euh... pardonnez-moi, je ne parle pas le flamand. » L'autre, énervé : « *In het Vlaams, alstublieft !* »

– Je suis désolé, mais nous sommes français, et je ne comprends pas ce que vous dites.

Le serveur, dans un français parfait : « Ah bon, vous êtes français ? Ah, ben il fallait le dire tout de suite ! Je pensais que vous étiez belges ! Désolé de cet épouvantable malentendu. Qu'est-ce que je vous sers, messieurs-dames ? »

Encore un signe de cette ambiance très particulière ? Aux arrêts de tram bruxellois, les indications de changement d'horaires se font en... anglais. Il existe trois langues nationales ; c'eût été trop bête de ne pas en utiliser une quatrième ! C'est d'autant plus amusant que cet usage de l'anglais n'ennuie personne. Personne ne s'en plaint. Chacun convient que c'est encore ce qu'il y a de plus pratique. Tant que la langue de l'autre n'est pas privilégiée, tout passe comme une lettre à la poste. C'est souvent comme ça.

Après tout ça, ne nous étonnons pas si l'on a parfois qualifié la frontière linguistique de « rideau de patates » !

ENCORE QUELQUES ANECDOTES

En Wallonie, l'enseignement du néerlandais n'est pas obligatoire.

La presse belge a assez souvent cité le témoignage de Marianne Leterme, la cousine wallonne d'Yves Leterme[1]. Leurs pères étaient frères, et leurs mères à tous les deux étaient flamandes. Marianne Leterme raconte d'ailleurs à ce sujet : « C'est un hasard, d'ailleurs, si mon cousin Yves et moi nous n'avons pas grandi du même côté de la frontière. Nos pères sont tous les deux nés à Comines, en Wallonie, et nos mères en Flandre. Il se trouve que papa a trouvé du travail à Rekkem, en Wallonie, tandis que Georges, le père d'Yves, s'est installé de l'autre côté, à Zilkebeek. » À quoi ça tient…

Le mois dernier, mon frigo était en panne ; j'ai donc téléphoné au service après-vente de mon fournisseur. Je suis tombé sur un opérateur qui parlait à peine le français (ce n'est pas grave, je n'avais qu'à bien parler le néerlandais

1. Yves Leterme, dont nous avons déjà parlé plus haut, qui fut ministre-président flamand de 2004 à 2007, puis Premier ministre, qui lors de la prestation de serment de son gouvernement devant le roi Albert II, ne prêta serment qu'en néerlandais, et qui lors d'une interview en 2006, déclara : « Apparemment les francophones ne sont pas en état intellectuel d'apprendre le néerlandais. »

moi-même), mais… qui m'a donné des indications avec des termes techniques flamands. Si bien que la conversation fut impossible, et que j'ai dû faire appel à un électricien. C'est parfois cher, de vivre en Belgique.

Linkebeek : 15 élus, 13 francophones ; des conseils communaux qui ne se déroulent qu'en flamand. Si un mot de français est prononcé, le conseil est annulé.

Poésie. Les francophones doivent arrêter de continuer « *à tirer sur une tétine fédérale tarie. Nous en avons assez, plus une seule goutte* » (Bart De Wever).

Lors des Jeux olympiques en Chine en 2008, le gouvernement régional flamand se rebiffa car les autorités chinoises n'avaient pas autorisé le drapeau flamand sur les lieux de compétition. Seuls, en effet, étaient autorisés les drapeaux des nations participantes. Et là, ce fut le psychodrame : le ministre régional flamand des Affaires étrangères déclara que « le drapeau flamand ne constituait en aucune manière un élément de propagande politique. Il s'agit du drapeau du gouvernement flamand, du parlement flamand et de la Communauté flamande, compétente en matière sportive et reconnue comme telle conformément à la Constitution ».

Drôle de pays que la Belgique, où le leader indépendantiste flamand déclare, dans la même envolée, que le roi « ne cesse, à chaque discours, de nous juger, de nous mettre en relation avec la haine, le racisme, les purifications ethniques (…). Le roi et la monarchie sont nos adversaires politiques, ils ne cessent pas de nous juger. Il est donc logique de ne pas gratifier de notre présence leurs fêtes, réceptions et autres événements », tout en expliquant que le roi est une personne très sympathique. Il est vrai que les deux considérations ne sont pas incompatibles, mais il est amusant que le leader flamand prenne la peine de préciser qu'il trouve le roi sympathique.

Ils sont fous, ces Belges.

QUIZZ

Arrivés au bout de ce neuvième chapitre, vérifions à présent si vous en avez bien intégré toutes les données.

Êtes-vous en mesure de répondre aux 10 questions suivantes ?

1° Comment « Atomium » se dit-il en flamand ?

a/ Atomium.

b/ Vermugenijkhetsaarvlumenksium.

La bonne réponse est a. *(Pourquoi les choses seraient-elles toujours compliquées ?)*

2° Comment « indépendance » se dit-il en flamand ?

a/ independantie.

b/ onanfhankelijkheid.

La bonne réponse est b. *(Parfois, les choses sont compliquées.)*

3° Comment traduit-on « Lille » en Flandre ?

a/ Rijsel.

b/ Bergen.

La bonne réponse est a. *(« Bergen » désigne Mons.)*

4° Comment traduit-on « Charleroi » en Flandre ?

a/ Charleroi.

b/ Atomium.

(Je fais ce que je peux pour brouiller les pistes.)

5° Sur un panneau officiel jouxtant le tunnel Belliard à Bruxelles, les horaires de difficulté de passage diffèrent en français et en flamand. En quelle langue le passage est-il plus longtemps difficile ?

a/ peu importe ; l'essentiel est que les horaires ne soient pas les mêmes en français et en flamand.

b/ en flamand.

Les deux réponses sont valables.

6° Qu'est-ce que la FROTTBF ?

a/ une bactérie.

b/ la Fédération royale ouvrière du tennis de table belge francophone.

Je vous laisse réfléchir.

7° Le nom de Tintin fut-il traduit en flamand sur l'affiche flamande du film *Tintin, le secret de la licorne* ?

a/ oui.

b/ non.

Les deux réponses sont valables, puisque « Tintin » est indiqué tel quel, mais que le sous-titre est le suivant : « *De Avonturen Van Kuifje* ». (« Kuifje » étant la traduction flamande de « Tintin ».)

8° Que signifie le slogan flamingant « *Franse ratten, rol uw matten* » ?

a/ « rats français, pliez vos bagages ».

b/ « bienvenue à nos chers amis francophones ».

La bonne réponse est a. *(Hélas.)*

9° En quelle langue les changements d'horaires sont-ils indiqués sur les arrêts de tram bruxellois ?

a/ en anglais.

b/ en mandarin.

La bonne réponse est a.

10° En combien de leçons ce livre vous propose-t-il de devenir belge ?

a/ 99.

b/ 10.

La bonne réponse est b. *(À moins que le titre ne soit mensonger, ce que vous saurez bien assez tôt.)*

Résultats du quizz

Si vous avez pu répondre à plus de 8 questions sur 10, vous venez de passer avec succès la neuvième étape pour devenir belge. De mieux en mieux !

Leçon n° 10 :

APPRENEZ À VOUS RÉJOUIR GRÂCE À LA BELGIQUE

OÙ L'ON APPREND À TERMINER CE LIVRE DANS LA JOIE ET DANS L'ENTHOUSIASME

10 raisons de se réjouir pour la Belgique

La Belgique est le seul pays au monde qui accumule autant de complications sur un si petit territoire. Mais c'est une excellente nouvelle, pour les raisons suivantes :

1. Tant qu'à faire, autant que tous ces problèmes se concentrent sur un espace exigu, plutôt que sur une étendue gigantesque : à l'échelle de la planète, ça limite les dégâts.

2. Un petit pays sans problèmes, c'est fade, c'est sans intérêt, ça passe complètement inaperçu. Alors que grâce à ses problèmes, la Belgique s'est trouvé une identité, une marque de fabrique : elle attire l'attention, on vient de loin pour admirer ses absurdités. Son « plan média » est, à ce titre, impeccable.

3. Grâce à tous ses problèmes, la Belgique fournit toujours un excellent sujet de conversation. À ce titre, elle peut sauver bien des dîners foireux où les gens n'ont rien à se dire. Et tant qu'à faire, parler de l'avenir de la Belgique, c'est toujours plus intéressant que de parler de météo ou d'immobilier[1].

1. Enfin, je trouve.

4. Plût au Ciel que les problèmes belges ne soient jamais résolus ! Songeons en effet à l'épouvantable dépression collective qui frapperait la Belgique si par malheur elle parvenait à résoudre tous ses problèmes. L'horreur que ce serait, au conseil des ministres : « Bon, ben voilà les gars, euh... tous nos problèmes sont réglés. Qu'est-ce qu'on fait, maintenant ? »

5. Le fait que la Belgique ne soit plus aussi riche qu'avant est également une excellente chose, car quoi de plus vil et mesquin qu'un petit pays riche ? Monaco, le Lichtenstein, Luxembourg... que de bâillements, mes amis, que d'ennui[1] !

6. Une équation réjouissante, à laquelle on ne songe pas assez :

- 1/ Personne n'est d'accord sur la nature du problème belge.
- 2/ Il va donc (forcément) être impossible de trouver une solution.
- 3/ Or, comme disaient les Shadocks : « S'il n'y a pas de solution, c'est qu'il n'y a pas de problème ! »

Et voilà...

7. Un truc remarquable : on sait qu'il n'y a pas de solution, mais on continue à discuter comme s'il y avait moyen d'en trouver une.

Et c'est beau, je trouve !

C'est même une forme de panache.

Ce qu'on pourrait appeler « le miracle belge ».

1. Zut, je viens de me couper de tout un public.

8. On l'a vu, notre territoire a été énormément conquis par le passé. Encore un motif de gloire ! N'est-ce pas, en effet, une magnifique preuve d'amour de la part de toutes ces armées étrangères ? Imaginez l'horrible vexation : des armées conquérantes qui auraient passé des siècles à nous contourner ! « Rien à foutre de ces champs de patates ; passons notre chemin » : une humiliation qui nous fut heureusement épargnée…

9. La Belgique ne rime peut-être à rien, mais au moins elle le sait.

(Philosophie.)

10. La salive coule beaucoup, en Belgique, mais pas le sang.

(Poésie.)

QUIZZ FINAL

5 RAISONS DE SE RÉJOUIR POUR VOUS, CAR VOUS ALLEZ TOUCHER AU BUT

On y est presque ! Si vous êtes en mesure de répondre aux 5 questions qui suivent, vous allez pouvoir devenir belge. Je vous le garantis.

Alors c'est parti.

On se concentre.

1° Voyez-vous une solution pour aider la Belgique à sortir de la crise ?
a/ non, aucune.
b/ oui, absolument : il faudrait que tout le monde se mette autour de la table pour apporter des solutions très concrètes aux problèmes qui se posent.

Les deux réponses revenant au même, déjà une excellente nouvelle : que vous ayez répondu a *ou* b, *vous ne voyez pas comment le pays peut s'en sortir... comme tout Belge qui se respecte !*

2° Pensez-vous que la Belgique ait un avenir ?
a/ ouh là non, ça a l'air fort mal barré.
b/ forcément, qu'elle a un avenir ; le tout est de voir quel avenir.

Si vous avez répondu b *: bravo, vous voilà doté du fameux bon sens belge ! On s'accroche, plus que 3 questions...*

3° Avez-vous aimé ce livre ?

a/ oui, adoré.

b/ non, détesté.

c/ ni l'un ni l'autre : vous êtes mitigé.

Si vous avez répondu c : *excellent, on touche au but ! Le Belge, en effet, se doit par essence d'être* mitigé.

4° Avez-vous le sentiment que ce livre vous a permis de devenir belge ?

a/ oui, d'une certaine manière.

b/ non, mais ce n'est pas grave car vous saviez que le titre était humoristique.

Si vous avez répondu b *: formidable, vous êtes quasiment belge, car on ne vous la fait pas !*

5° Arrivé au bout de ce livre, jurez-vous d'avoir bien tout lu attentivement ?

a/ oui.

b/ non.

Si vous avez répondu a, *vous êtes sûrement un peu tricheur (ne me dites pas que vous avez lu toutes les notes de bas de page de A à Z!)*

Cela dit, une bonne nouvelle : si vous êtes tricheur, vous êtes déjà un peu belge !

Bon.

Vous savez quoi ?

Si vous avez bien répondu à ces 5 dernières questions, vous méritez amplement d'être belge !

Ne reste plus qu'à régler les problèmes administratifs.

…

Et c'est là qu'on va vraiment tester votre motivation.

TABLE DES MATIÈRES

Ouvrage publié sous la direction de Jean-Louis Festjens

IMPRIM'VERT®

Imprimé en France
par Corlet Imprimeur
14110 Condé-sur-Noireau
Dépôt légal : novembre 2013
N° d'impression : 158298
ISBN : 978-2-7499-2085-6